BANGES UNTERRICHTSHILFEN

Jürgen Meyer

Gisela Schulz

Englische Synonyme als Fehlerquellen

Übungssätze mit Lösungen

C. Bange Verlag · Hollfeld

ISBN 3-8044-0596-7
© 1980 by C. Bange Verlag · 8601 Hollfeld
Alle Rechte vorbehalten.

Druck: Lorenz Ellwanger · Bayreuth · Maxstraße 58/60

Inhalt

VORWORT 5

SYNONYMIE-ÜBUNGEN

1. Andere(r) 7
2. (Ver)ändern 8
3. Aktuell 9
4. Alt 10
5. Bank 11
6. Bemerken 12
7. Bleiben 13
8. Brauchen 14
9. Bringen 15
10. (Irgend)ein 16
11. Einzig 17
12. (Sich)erheben 18
13. (Sich)erinnern 19
14. Erreichen 20
15. Fahren 21
16. Falsch 22
17. Fehler 23
18. Fertig 25
19. Fremd 26
20. Ganz 27
21. Gehen 28
22. Gesellschaft 29
23. (An)Gewohnheit 30
24. Geschichts-/Historisch 31
25. Glücklich 32
26. Groß 33
27. Grund 35
28. Hören 36
29. Kanal 37
30. Kochen 38
31. Krank 39
32. Kritik 40

33. Land 41
34. Landschaft 42
35. Lassen 43
36. Legen, liegen 44
37. Leicht 46
38. Leihen 47
39. Letzte(r) 49
40. Machen 50
41. Mitte 52
42. Noch/Noch nicht 53
43. Politik 54
44. Preis 55
45. Reise 56
46. Rezept 57
47. Sagen 58
48. Schwer 59
49. Schwimmen 60
50. Sehen 61
51. (Ab-, hin-)setzen 62
52. (Er)sparen 63
53. Spiel 64
54. (Be)stehlen 65
55. Tragen 66
56. Vernünftig 68
57. Verweigern 69
58. Viel(e) 70
59. (Aus)wählen 71
60. Wenig 72
61. Weniger 73
62. Werden 74
63. Wollen 75

Lösungen 76

Verzeichnis der englischen Wörter 113

VORWORT

Dieses Übungsbuch will helfen, die im Bereich der Synonymie immer wieder auftretenden Fehler zu vermeiden.

Es muß darauf hingewiesen werden, daß verschiedentlich Wörter zu Gruppen vereinigt werden, die vom Englischen her eigentlich nicht als synonym betrachtet werden dürfen. Es sei an *to take* und *to bring* erinnert. Sie sind im Englischen Antonyme, stellen aber Übersetzungen des deutschen *bringen* dar und werden deshalb unter dem gleichen Begriff dargeboten.

Die Aufstellung beruht auf Beobachtungen, die die Verfasser im Unterricht gemacht haben und erhebt keinerlei Anspruch auf Vollständigkeit. Die Übungssätze wurden so formuliert, daß die wichtigen Bedeutungsnuancen so klar wie möglich hervortreten.

Es wird empfohlen, die unter dem deutschen Stichwort gegebenen englischen Entsprechungen genau durchzuarbeiten, bevor die – möglichst schriftliche – Übertragung in Angriff genommen wird. Die zur Kontrolle beigefügten Lösungen geben an, ob und wo Fehler gemacht worden sind. Eine Wiederholung dieses Vorgehens wird helfen, die Fehlerzahl zu verringern und den Leistungsstand zu erhöhen. Wenn das in bescheidenem Maße gelingt, hat das Büchlein seinen Zweck erfüllt.

J. Meyer *G. Schulz*

Synonymie-Übungen

1. (ein) ANDERE(R)

another : "an additional one"
(anderer – weiterer, noch einer)

different : "not the same"
(anderer – unterschiedlich)

1. ANOTHER – DIFFERENT

1) Jedesmal, wenn John kommt, fährt er ein anderes Auto.
2) Sie wollte das grüne Auto nicht, der Verkäufer mußte ihr ein anderes zeigen.
3) Ist das nur noch eine deiner Ideen? – O nein, diese ist ganz anders.
4) Es ist ein ganz anderes Leben, jetzt, wo wir vom Süden in den Norden gezogen sind.
5) O, bitte hör auf, das ist noch eine andere Frage.
6) Möchtest du noch ein anderes Kleid haben? – Nein, jetzt habe ich wirklich genug davon.
7) Bitte, gib mir ein anderes Buch. Nein, erst mußt du dieses lesen.
8) Nein, Sie können ihn jetzt nicht sprechen, kommen Sie bitte ein anderes Mal.
9) Laß uns doch mal zur Abwechslung etwas ganz anderes machen.

2. (VER) ÄNDERN

to alter : "to affect some change"
(-ed, -ed) (verändern: verändern [teilweise], abändern)

to change : "to take one thing in place of another, to make, become
(-ed, -ed) different"
(verändern: wesentlich ändern, verändern, austauschen, wechseln [Kleidung])

to modify : "to make partial changes, to make changes in"
(-ied, -ied) (verändern: leicht, teilweise ändern, abändern)

2. ALTER – CHANGE – MODIFY

1) Die Hose muß geändert werden.
2) Das Wetter änderte sich ständig.
3) Er muß seine Lebensgewohnheiten ändern.
4) Der Schneider änderte den Mantel, ohne es zu berechnen.
5) Du änderst dauernd deine Meinung!
6) Er änderte seinen ersten Plan etwas um.
7) Die Bedingungen müssen verändert werden.
8) Wir müssen die Forderungen verändern.
9) Die zweite Ausgabe seines Buches war verändert worden.
10) Wir sollten den Entwurf ändern.

3. AKTUELL

actual	:	"real"
		(aktuell: wirklich, tatsächlich; gegenwärtig, jetzig)
current	:	"in present use; affairs of these days"
		(aktuell: gegenwärtig, laufend, jetzig, von heute)
topical	:	"of present interest to people"
		(aktuell: von augenblicklichem Interesse, wichtig für den gegenwärtigen Moment)

3. ACTUAL – CURRENT – TOPICAL

1) Der Tagespreis für Öl schwankt ständig.
2) Dies ist ein sehr aktueller Film.
3) Die Tagesereignisse interessierten ihn sehr.
4) Es ist von aktuellem Interesse.
5) Kannst Du mir die genauen Nummern geben?
6) Die neueste Ausgabe berichtete über den Unfall.
7) Die genaue Anzahl war unbekannt.
8) Er gebrauchte einen geläufigen Ausdruck.
9) Das Buch ist sehr aktuell.
10) Ist das tatsächlich wahr?

4. ALT

ancient : "belonging to past ages"
(alt: aus alter Zeit, uralt)

antique : "made very long ago, belonging to the distant past"
(alt: antik, altertümlich)

old : "having lived for a long time, not young, not modern"
(alt: betagt; vergangen, früher; altbekannt; abgenutzt)

4. ANCIENT – ANTIQUE – OLD

1) Er interessiert sich für alte Geschichte.
2) Er ist dafür viel zu alt.
3) In der guten alten Zeit wäre das nicht passiert.
4) Das Altenglische unterscheidet sich sehr vom Neuenglischen.
5) Der altertümliche Tempel machte einen großen Eindruck auf die Besucher.
6) Das alte Rom war einst Mittelpunkt der Welt.
7) Antike Vasen erzielen hohe Preise.
8) Er ist dreizehn Jahre alt.
9) Die alten Sprachen sind immer noch unentbehrlich.
10) Er sammelte altes Porzellan.

5. BANK

bank : "place where money is handled, kept safely, paid out"
(Bank, Bankhaus)

bench : "long seat for a number of persons"
(Bank zum Sitzen)

5. BANK – BENCH

1) Sie saßen auf einer Bank.
2) Die Parkbänke waren fortgeschafft worden.
3) Die Bank mußte schließen.
4) Auf der Bank stand "Frisch gestrichen".
5) Die Bankschalter waren heute geschlossen.
6) Die Bank lieh ihm kein Geld mehr.
7) Er sprengte die Bank durch sein ständiges Gewinnen.
8) Sie sonnten sich auf einer Bank.

6. BEMERKEN

to glance   : "to take a quick look"
(-ed, -ed)   (bemerken: einen Blick werfen auf [schnell, flüchtig])

to notice   : "to see something by accident"
(-ed, -ed)   (bemerken: zufällig bemerken, Notiz nehmen von, wahrnehmen)

to observe   : "to look at, to watch, to pay attention to"
(-ed, -ed)   (bemerken: beobachten, aufmerksam wahrnehmen)

to perceive   : "to become aware of (through the eyes or the mind)"
(-ed, -ed)   (bemerken: etwas sehen [wollen], etwas bemerken [unabsichtlich oder absichtlich])

6. GLANCE – NOTICE – OBSERVE – PERCEIVE

1) Wir konnten jede Bewegung genau beobachten.
2) Der Polizist stellte fest, daß der Fahrer betrunken war.
3) Ich bemerkte den Fehler sofort.
4) Er schaute auf seine Armbanduhr.
5) Hast du sein Benehmen bemerkt?
6) Der Dieb wurde beim Betreten des Hauses gesehen.
7) Sie konnte keinen Unterschied feststellen.
8) Ich nahm ihn in der Ferne wahr.
9) Er überflog den Brief hastig.
10) Hast du bemerkt, wie nervös er war?
11) Sie ging die Liste der Bücher durch.
12) Hast du genau gesehen, ob er das Haus verlassen hat?
13) Er beobachtete, wie die Räuber die Bank verließen.
14) Ich habe nicht gesehen, wer im Auto saß.
15) In klaren Nächten kann man die Sterne gut sehen.

7. BLEIBEN

to remain   : "to be left after part has been destroyed or taken"
(-ed, -ed)   ([übrig]bleiben)

to stay   : "to live for a short time as a guest or a visitor"
(-ed, -ed)   (bleiben [bei jemandem])

7. STAY – REMAIN

1) Ich möchte gern noch ein Weilchen bleiben.
2) Ich blieb bis Mitternacht auf.
3) Bleib nicht so lange; wir haben nur wenig Zeit.
4) Er blieb stumm während der Unterhaltung.
5) Er blieb über Nacht in einem Hotel.
6) Es bleibt noch viel zu tun.
7) Von dem Gebäude blieb wenig übrig.
8) Was ist von dem ganzen Geld übriggeblieben?
9) Kannst du zum Abendbrot bleiben?
10) Bleiben Sie auf dieser Straße und fahren Sie geradeaus.
11) Überrede ihn, nicht zu fahren, sondern in England zu bleiben!
12) Hoffentlich bleibt es schön.

8. BRAUCHEN

to need : "to require, to want very much; not to have what one
(-ed, -ed)   ought to have"
              (brauchen: benötigen, nötig haben, bedürfen)

to use   : "to employ a thing for a purpose"
(-ed, -ed)   (brauchen: [ge]brauchen, benutzen)

8. NEED – USE

1) Ein Mechaniker braucht viele Werkzeuge.
2) Ich brauche einen Schraubenzieher. Wozu brauchst du ihn?
3) Darf ich Ihren Staubsauger benutzen?
4) Er braucht viel Geld, um ein Haus zu kaufen.
5) Frag nicht so viel: gebrauch deinen Verstand!
6) Er konnte es nicht gebrauchen, weil es zerbrochen war.

9. BRINGEN

to bring : "to carry something to the place where the speaker is"
(brought, brought) (bringen: mitbringen, herbringen)

to take : "to carry to another place, to carry away from the
(took, taken) place of the person speaking"
(bringen: wegbringen, fortbringen, fortschaffen)

9. BRING – TAKE

1) Bring ihr bitte die Bücher!
2) Willst du ihn zum Essen mitbringen?
3) Er brachte seinem Sohn das ersehnte Geschenk mit.
4) Hast du mir etwas Schönes mitgebracht?
5) Bring bitte die Sachen in den Keller!
6) Er brachte sie zum Bahnhof.
7) Das brachte ihm viel Geld ein.
8) Die Kinder werden jeden Tag mit dem Bus zur Schule gebracht.
9) Bring deinen Freund doch mit!
10) Das gewonnene Geld brachte ihm kein Glück.

10. (irgend) EIN(E, ER)

any : "one of whatever kind", used in negations and questions if one is not sure
(irgend – einige)

some : "certain amount of"
(einiges, von einer bestimmt vorhandenen Menge)

10. ANY – SOME

1) Du wirst nur einige der Schüler überlisten können.
2) Einige der Gedichte mochte ich sehr gern.
3) Kann ich noch einige dieser schönen Plätzchen haben?
4) Du kannst mir wirklich glauben, du kannst irgend jemanden auf der Straße fragen.
5) Haben Sie wirklich nicht irgendein neues Buch?
6) Welche Kerze soll's sein? – Ach, irgendeine!
7) Kannst du nicht mal irgendein anderes Lied singen?
8) Ich habe überall nach Weintrauben gesucht, bevor ich einige wirklich gute fand.
9) Haben Sie heute einige Sonderangebote?

11. EINZIG

only	:	"one and no other, single" (einzig, alleinig)
single	:	"only one; for only one person; one and no more" (einzig, einzeln, Einzel . . .)
sole	:	"one and only, single; restricted to one person, company" (einzig)

11. ONLY – SINGLE – SOLE

1) Er ist ihr einziger Sohn.
2) Er konnte nicht ein einziges Wort Russisch.
3) Er war der einzige, der das konnte.
4) Wir waren die einzigen, die einen Smoking trugen.
5) Einzig und allein deinetwegen tue ich es!
6) Sie spielten ein Einzel.
7) Sie sind die einzigen Reisenden, die das Unglück überlebt haben.
8) Kein einziger hat den Unfall gesehen.
9) Er hat das alleinige Recht, Anordnungen zu erlassen.
10) Er nahm ein Einzelbettzimmer.

12. (sich) ERHEBEN

to raise   : "to move to a higher position; to make higher"
(-ed, -ed)   (auf-, emporheben, heben; aufrecht stellen, errichten)

to rise   : "to go upwards, to get up; to become stronger"
(rose, risen)   (sich erheben; auf-, emporsteigen)

12. RAISE – RISE

1) Während der Inflation stiegen die Preise.
2) Das Gehalt des Vorarbeiters wurde erhöht.
3) Diese Kiste ist so schwer, daß ich sie nicht heben kann.
4) Schneid doch die Frage an, wenn du das für wichtig hältst!
5) Zu Ehren des Dichters wurde ein Denkmal errichtet.
6) Die Sonne geht im Osten auf.
7) Die Kinder wollten aufstehen und spielen gehen.
8) Der Hund stand auf seinen Hinterpfoten.
9) Er sog seinen Hut, als er seinen Chef sah.
10) Er erhob sich und ging weg.
11) Laßt uns auf sein Wohl trinken!
12) Die Flut ließ den Fluß ansteigen.
13) Es wird schön werden: Das Barometer steigt!
14) Eine Bergkette erhob sich zur Linken.
15) Soldaten mußten ausgehoben werden.
16) Das Volk erhob sich gegen den Tyrannen.
17) Er erzog seine Kinder zu Ordnung und Ehrlichkeit.
18) Sein Verhalten ließ Zweifel an seiner Treue aufkommen.
19) Das Flugzeug erhob sich in die Luft.

13. (sich) ERINNERN

to remember   : "not to forget, to keep in mind, to think of something"
(-ed, -ed)   (sich erinnern)

to remind   : "to make somebody remember, to bring back to
(-ed, -ed)   someone's mind" (jemanden an etwas erinnern)

13. REMEMBER – REMIND

1) Erinnere ihn bitte an das Buch. Ich brauche es dringend.
2) Ich kann mich an seinen Namen nicht erinnern.
3) Denk daran, ihn zu besuchen, wenn du in London bist.
4) Sie erinnert mich sehr an ihre Mutter.
5) Ich werde mich bestimmt an seinen Geburtstag erinnern.
6) Ich erinnere mich, das Buch bereits gelesen zu haben.
7) Das Bild erinnerte mich sehr an ihre Eltern.
8) Darf ich Sie an das Datum erinnern?
9) Ich fürchte, daß ich mich stets an den Unfall erinnern werde.
10) Sie erinnerte mich an unsere erste Reise nach England.
11) Wo ist bloß der Brief? Ich erinnere mich genau, ihn eingesteckt zu haben.
12) Nach seiner Rückkehr konnte er sich nicht erinnern, wo sie lebte.
13) Das erinnert mich: Hast du ihm das Geld schon zurückgegeben?
14) Erinnere mich doch bitte daran! Es hängt viel davon ab.
15) Mein Großvater muß ständig daran erinnert werden.
16) Sie denkt jedes Jahr an meinen Geburtstag.
17) Diese Schallplatte erinnert mich an die Beatles.
18) Er konnte sich nicht daran erinnern, den Film jemals gesehen zu haben.
19) Er sieht keine Kriegsfilme, weil er nicht an die schrecklichen Ereignisse erinnert werden möchte.
20) Die Photographie erinnerte ihn an seine erste Frau.

14. ERREICHEN

to achieve : "to finish successfully; to get as a result"
(-ed, -ed) (erreichen [bildlich gesehen])

to reach : "to get as far as; to arrive"
(-ed, -ed) (erreichen [räumlich und zeitlich gesehen])

14. ACHIEVE – REACH

1) So wirst du dein Ziel nie erreichen!
2) Reiche mir bitte die Kaffeekanne herüber.
3) Nach 3 Stunden erreichten sie den Bahnhof.
4) Er wird nie etwas erreichen, wenn er nicht härter arbeitet.
5) Der Brief erreichte sein Ziel 2 Wochen zu spät.
6) Als er endlich die Farm erreichte, war die meiste Arbeit bereits getan.
7) Ich muß nur meine Eltern überzeugen. – Und wie willst du das erreichen?
8) Wie kann ich dich erreichen, falls etwas passiert?
9) Wir erreichten die Stadt spät am Abend.
10) Der ehrgeizige Politiker hoffte, alle seine Ziele bis zum Ende des Jahres zu erreichen (verwirklichen).

15. FAHREN

to drive (drove, driven)	: "to guide and control a vehicle" (ein Fahrzeug lenken)
to go (went, gone)	: "to travel by bus or train" (mit einem öffentlichen Verkehrsmittel fahren)
to ride (rode, ridden)	: "to travel on a bicycle or a motorcycle" (radfahren)
to sail (-ed, -ed)	: "to travel on the water, by ship" (mit dem Schiff fahren)
to travel (-led, -led)	: "to go from place to place, to make a journey" (reisen)

15. DRIVE – GO – RIDE – SAIL – TRAVEL

1) Bitte, fahr vorsichtig!
2) Wie fährst du zur Arbeit?
3) Wir sollten lieber mit dem Auto fahren.
4) Ich muß mit der „Prinz Hamlet" fahren.
5) Radfahren ist sehr gesund.
6) Warum wollen deine Eltern nach Frankreich fahren?
7) Fahr mit dem Zug und genieße die schöne Landschaft Schwedens.
8) Zum Schluß sind wir an der Themse entlang gefahren.
9) Ich möchte mal durch den Nord-Ostseekanal fahren.
10) Er ist schon über alle Meere gefahren.
11) Meine Großmutter ist noch nie mit dem Taxi gefahren.
12) Michael lernt gerade Auto fahren.
13) Wie oft fährt der Bus nach Hamburg?
14) Der Tanker fährt nach Port Said.
15) Sein Auto fuhr mit 100 km/h, als es außer Kontrolle geriet und aufprallte.

16. FALSCH

false : "not real, not true, not to be trusted"
(falsch, unecht, irreführend)

wrong : "not right; not correct, suitable"
(falsch, unrichtig, verkehrt, unrecht)

16. FALSE – WRONG

1) Er hatte einen falschen Schlüssel und konnte deshalb die Tür nicht öffnen.
2) Die Einbrecher beschafften sich einen Nachschlüssel, um die Bank zu berauben.
3) Er macht doch immer alles falsch!
4) Die Piraten segelten unter falscher Flagge.
5) Meine Uhr geht nicht richtig.
6) Er ist für falsche Zähne eigentlich noch zu jung.
7) Die Kinder standen auf der falschen Straßenseite.
8) Er hatte unrecht, obwohl er es bestritt.
9) Er hat einen falschen Charakter.
10) Die Polizei kam, aber es handelte sich um einen falschen Alarm.
11) Ich wähle ständig die falsche Telefonnummer.
12) Die Diamanten waren unecht.
13) Ihre Haare waren unecht. Sie trug eine Perücke.
14) Diese Zahlen sind falsch addiert worden.
15) Das Auto hatte einen doppelten Boden für den Flüchtling.
16) Er lernte früh, Unrecht von Recht zu unterscheiden.
17) Die Läufer machten einen Fehlstart.
18) Vor Gericht machte er eine falsche Zeugenaussage.
19) Er gab bei der Prüfung dauernd falsche Antworten.

17. FEHLER

blunder	: "a foolish mistake" (Fehler [dummer, überflüssiger F.])
defect	: "fault, imperfection" (Fehler [Mangel, Unvollkommenheit])
error	: oft wie "mistake" gebraucht (Fehler [Abweichen vom Richtigen, Irrtum])
fault	: "something that is wrong; weakness, blame, mistake" (Fehler [Schuld, Vergehen; Mangel])
mistake	: "an incorrect act, idea, opinion" (Fehler [F. im Denken, Handeln])

17. BLUNDER – DEFECT – ERROR – FAULT – MISTAKE

1) Trotz aller seiner Fehler mochte ich ihn gern.
2) Über körperliche Gebrechen soll man nicht lachen.
3) Deine Arbeit wimmelt von Fehlern!
4) Irrtümer vorbehalten!
5) Irgendwo in der Maschine muß ein Fehler sein.
6) Ihre Ehe war von Anfang an ein großer Fehler.
7) Du hast zu viele dumme Fehler gemacht. Sonst wäre dein Diktat gut gewesen.
8) Das ist wirklich meine Schuld.
9) Das ist ein völlig überflüssiger Fehler.
10) In dem Buch sind zu viele Druckfehler.
11) Er fiel einem Justizirrtum zum Opfer.
12) Er macht immer den gleichen Fehler in der Arbeit.

13) Er entschuldigte sich für seinen Irrtum.
14) Er machte einen großen Fehler, als er den Minister beleidigte.
15) Dieser Unfall ereignete sich durch einen Fehler des Busfahrers.
16) Das Feuer konnte nicht gelöscht werden, da die Pumpe fehlerhaft war.
17) Die Möbelstücke passen nicht genau, weil der Tischler beim Ausmessen einen Fehler gemacht hat.
18) Der Diktator machte einen großen Fehler, als er die berechtigten Forderungen seines Volkes nicht erfüllte.
19) In der Rechnung muß ein Fehler stecken.

18. FERTIG

finished : "to end something, to come to an end"
(past participle of   (eine Handlung bis zu Ende durchführen)
"to finish" [-ed, -ed])

ready : "prepared for something, willing"
(bereit, etwas zu tun)

18. FINISHED – READY

1) Auf die Plätze, fertig, los!
2) Kommt bitte, das Abendbrot ist fertig!
3) Ich bin völlig fertig!
4) Bist du mit deinem Aufsatz fertig?
5) Die Jungen sind mit ihren Schularbeiten fertig.
6) Als Filmstar ist er am Ende.
7) Sind alle Vorbereitungen für den Abflug getroffen?
8) Die Gäste machten sich zum Weggehen fertig.
9) Er bleibt einem nie eine Antwort schuldig.
10) Die Maschine war betriebsfertig.
11) Bist du mit der Lektüre der Zeitung fertig?
12) Der Läufer machte sich für den Endlauf fertig.
13) Richten Sie bitte den Saal für die Konferenz her!
14) Das fertige Produkt war ein großer Erfolg.
15) Mach Dich bitte fertig!
16) Konfektionskleidung steht ihm eigentlich gut.
17) Ich bin mit dir jetzt endgültig fertig.
18) Bist du endlich fertig, damit wir gehen können?
19) Ich bin noch nicht fertig mit der Aufgabe.

19. FREMD

alien	:	"different in character or nature" (fremd im Sinn von wesensfremd; ein nicht naturalisierter Bewohner eines Landes)
foreign	:	"not belonging to one's own country" (fremd im Sinn von ausländisch, auswärtig)
strange	:	"unknown, unfamiliar" (fremd im Sinn von merkwürdig, seltsam)

19. ALIEN – FOREIGN – STRANGE

1) Können Sie mir bitte helfen, ich bin fremd hier!
2) Ich verstehe die Araber nicht, ihre Ideen sind unserer Lebensweise ziemlich fremd.
2) Geh' nicht mit fremden Menschen mit!
3) Es ist nicht einfach, wenn man in einem fremden Land ist.
5) Er fühlt sich immer noch fremd in der neuen Klasse.
6) Ich weiß nicht, wer angerufen hat, es war eine fremde Stimme.
7) Neugier ist mir fremd.
8) Wer ist der neue Außenminister?
9) Hast du schon jemals so fremdartige Leute getroffen?
10) Der Mann vor ihm war ihm fremd.

20. GANZ

all	:	"all" can assume the meaning of "total, whole or entire". It is, however, often followed by a possessive pronoun or the definite article (ganz)
entire	:	more emphatic than "whole" (unversehrt, uneingeschränkt, völlig)
quite	:	used to emphasize adjectives („ganz" im Sinn von „ziemlich")
total	:	"everything included and/or added up" (gänzlich, völlig)
whole	:	"nothing has been left out, complete" (gesamt, vollständig)

20. ALL – ENTIRE – QUITE – TOTAL – WHOLE

1) Bitte, sag' mir die ganze Wahrheit.
2) Sie ist ganz allein in diesem großen Haus.
3) Er kannte nicht einmal die ganze Summe seiner Schulden.
4) Dieses Jahr wird die ganze Familie Weihnachten zusammen sein.
5) Genießt du sein ganzes Vertrauen?
6) Das ganze Land wartete auf das Ende des Krieges.
7) Zu spät begriff sie das ganze Ausmaß dieser Nachricht.
8) Und das ist der ganze Inhalt des Romans?
9) Der ganze Verlust belief sich auf drei Millionen.
10) Sag bloß nicht, daß du den ganzen Kuchen aufgegessen hast!
11) Er wußte die ganze Zeit, daß es so kommen würde.
12) Laß das, du machst ihn ganz nervös.

13) In ihrer ganzen Naivität erzählte sie ihm alles.
14) Du bist wirklich nicht ganz normal!
15) Romeo liebte Julia von ganzem Herzen.

21. GEHEN

to go : "to leave a place, to move"
(went, gone)   (fortgehen, zugehen auf)

to walk : "to go on foot"
(-ed, -ed)   (spazierengehen, zu Fuß gehen)

21. GO – WALK

1) Es geht auf Mitternacht, ich muß jetzt gehen!
2) Sollen wir gehen oder mit dem Bus fahren?
3) Meine Uhr geht wieder.
4) So viele Bücher gehen nicht in meine Schultasche.
5) Das kann so nicht weitergehen!
6) Gehen ist gesund.
7) Was geht hier vor?
8) Laß uns gehen, es ist so schönes Wetter.
9) Die Zeit vergeht schnell.
10) Du bist zu weit gegangen!

22. GESELLSCHAFT

company : "being together; group of people who work together, a business, firm"
(Gesellschaft, Firma)

party : "gathering of friends (to have a meal)"
(Einladung, Party, Gesellschaft)

society : "people living together as a group, people having a common interest; friendship and common interests with other people"
([staatliche-] Gesellschaft)

22. COMPANY – PARTY – SOCIETY

1) Die Eisenbahngesellschaft ging bankrott.
2) Die Abendgesellschaft war sehr nett.
3) Kannst du mir bitte Gesellschaft leisten?
4) Sie verkehrt nur in der besseren Gesellschaft!
5) Die menschliche Gesellschaft leidet unter vielen Übeln.
6) Die Geburtstagsgesellschaft war sehr lebhaft.
7) Er war nicht gesellschaftsfähig.
8) Wir müssen wieder einmal eine Gesellschaft geben.
9) Die „Gesellschaft Jesu" ist eine religiöse Sekte.
10) Der Gesellschaftsklatsch widerte ihn an.
11) Im Restaurant tagt heute eine geschlossene Gesellschaft.
12) Er war zu lange in schlechter Gesellschaft.
13) Die Versicherungsgesellschaft weigerte sich zu zahlen.
14) Die mittelalterliche Gesellschaft hatte ihr eigenes Weltbild.

23. (AN)GEWOHNHEIT

custom : "an established, socially accepted practice"
(Sitte, Brauch)

habit : "customary behaviour"
(Angewohnheit)

23. CUSTOM – HABIT

1) Sie hat die schlechte Angewohnheit, zu spät zu kommen.
2) Es ist zu einer Gewohnheit für viele deutsche Familien geworden, ihre Ferien im Süden zu verbringen.
3) Seit mindestens 10 Jahren bin ich ein Gewohnheitsraucher.
4) Gewöhne dir bloß nicht an, Drogen zu nehmen!
5) Religiöse Gewohnheiten unterscheiden sich in verschiedenen Ländern.
6) Muß ich das wirklich tun? – Nein, sei kein Gewohnheitssklave!
7) In großen Städten kommt man leicht zu schlechten (An)Gewohnheiten.
8) Es ist eine nationale Angewohnheit, beim Anhören der Nationalhymne den Hut abzunehmen.

24. GESCHICHTS-/ HISTORISCH

historic : "something that has made history"
(historisch bedeutend, berühmt)

historical : "concerned with history"
(mit Geschichte befaßt, historisch)

24. HISTORIC – HISTORICAL

1) Stonehenge ist einer der beeindruckendsten historischen Plätze.
2) Hauptsächlich berühmt wurde er wegen seiner historischen Romane.
3) Wir sollten 10 weitere Geschichtsatlanten bestellen.
4) Diese Kirche als historisches Gebäude muß einfach erhalten werden.
5) Glaubst du, daß es einen wirklichen historischen Prinz Eisenherz gegeben hat?
6) Ich sehe mir gern historische Filme an.
7) Hat Peter sein Geschichtsstudium schon abgeschlossen?
8) Für unseren Geschichtslehrer bestand Geschichte nur aus faszinierenden historischen Personen.
9) Die diesjährige Verteilung des Friedensnobelpreises ist ein Ereignis von historischer Bedeutung.
10) Ich bin beeindruckt von Taylors neuem Buch, es ist eine wichtige historische Analyse.

25. GLÜCKLICH

happy : "content, merry"
(glücklich: das innere Glück, Glücksgefühl)

lucky : "having good luck, resulting from luck"
(glücklich: vom Glück begünstigt)

25. HAPPY – LUCKY

1) Sie sind glücklich verheiratet.
2) Die Erbschaft machte ihn sehr glücklich.
3) Er hatte großes Glück beim Unfall.
4) Ein glücklicher Gedanke durchfuhr ihn.
5) Glückliche Umstände ermöglichten den Sieg.
6) Ich bin glücklich, ihn getroffen zu haben.
7) Das war ein Glückstag für ihn.
8) Er erzielt dauernd Glückstreffer!
9) Schon kleine Geschenke machen ihn sehr glücklich.
10) Was für ein glücklicher Zufall!

26. GROSS

big	: "large, important" (groß: allgemein für „groß")
grand	: "magnificent, splendid, wonderful" (groß: -artig, prächtig)
great	: "important„ (groß: bedeutend, wichtig, groß an Zahl)
huge	: "very large, very great" (groß: außergewöhnlich groß, sehr groß, ungeheuer, enorm)
large	: "big, able to contain a lot" (not used for persons) (groß: groß an Ausdehnung, Umfang)
tall	: "having a certain height" (of people, trees, etc.) (groß: hochgewachsen, großgewachsen)
vast	: "very large" (groß: weit, ausgedehnt, sehr groß, riesig)

26. BIG – GRAND – GREAT – HUGE – LARGE – TALL – VAST

1) John ist ein großer Junge geworden.
2) Das war eine großartige Idee!
3) Wenn er groß ist, möchte er Pilot werden.
4) Das alte Stadium war nicht groß genug für alle Zuschauer.
5) Die Sahara ist ein riesiges Sandgebiet.
6) Die Entfernung zwischen Erde und Mond ist sehr groß.
7) Diese Karte hat einen ziemlich großen Maßstab.
8) Es war ein großer Fehler, ihm das zu sagen.

9) Er ist nicht sehr groß für sein Alter.
10) Von der Spitze des Berges bot sich ein großartiger Ausblick.
11) Riesige Berge erstreckten sich am Horizont.
12) Sie verschwendeten enorme Geldsummen.
13) Er lebte auf großem Fuß.
14) Wir hatten herrliches Wetter.
15) Der Sieg war ein gewaltiger Erfolg.

27. GRUND

cause : "something that produces a result)
(Grund: Ursache, Veranlassung, Grund oder Anlaß für etwas)

ground : "(pl) reason for thinking or saying something"
(Grund: stichhaltiger Grund)

motive : "reason for doing something"
(Grund: Motiv, Beweggrund, Antrieb zu etwas)

reason : "something that explains or justifies a result"
(Grund: Ursache, Anlaß, Begründung für eine Handlung, logischer Grund)

27. CAUSE – GROUND – MOTIVE – REASON

1) Ich habe keinen Grund zur Klage.
2) Er hat keinen Anlaß, mich so zu behandeln.
3) Geld ist oft der Anlaß zu Streitereien.
4) Aus finanziellen Gründen konnte er mir nicht helfen.
5) Er handelte aus niedrigen Beweggründen.
6) Das Motiv für dieses Verbrechen war unklar.
7) Aus schwerwiegenden Gründen konnte er nicht kommen.
8) Was ist die Ursache für Gewitter?
9) Er hatte allen Grund, ihm zu mißtrauen.
10) Wir kannten seine Beweggründe nicht.
11) Das Hauptmotiv des Dramas war Eifersucht.
12) Was ist der Grund für seine plötzliche Abfahrt?
13) Aus Gesundheitsgründen konnte er heute nicht kommen.
14) Der Grund für den Krieg war bei den Haaren herbeigezogen.

28. HÖREN

to hear : "to receive sounds through the ear; to be told, informed"
(heard, heard)   (hören)

to listen : "to hear with attention"
(-ed, -ed)   (horchen, lauschen auf)

28. HEAR – LISTEN

1) Höre endlich auf ihn!
2) Seid bitte ruhig, ich möchte der Musik zuhören!
3) Hast du den Lärm gehört?
4) Heute hörte ich den ersten Vogel. Bald wird Frühling sein!
5) Höre nicht auf ihn! Sein Rat ist selten gut.
6) Alle hörten aufmerksam zu, verstanden aber kaum etwas.
7) Sie hörten die Autos zusammenstoßen, konnten sie aber nicht sehen.
8) Hör doch zu, was ich sage!
9) Hör dir den Pianisten an! Klingt das nicht wunderbar?
10) Hör auf niemanden! Verlaß dich nur auf dich selbst!
11) Ich hörte, er sei wieder gesund.
12) Hört! Hört!
13) Seit seiner Krankheit konnte er nicht mehr gut hören.
14) Wir lauschten angespannt, konnten aber nichts hören.
15) Er hörte ihn kommen und versteckte sich.
16) Der Zeuge wurde angehört, konnte aber nichts Neues sagen.
17) Die Polizei überwachte die Telefone des Ministeriums.
18) Wir hörten die Bremsen kreischen, aber es war zu spät.
19) Hast du schon die neuesten Nachrichten gehört?
20) Wir hörten ihn mehrfach betonen, daß er es nicht gewesen sei.

29. KANAL

canal : "waterway through land, a c. is made by man"
(Kanal [für Schiffahrt])

channel : "natural or artificial stream of water"
(Kanal, breite Wasserstraße, natürlicher oder künstlicher Wasserweg)

29. CHANNEL – CANAL

1) Der Kanal ist die engste Stelle zwischen Großbritannien und dem Kontinent.
2) Der Manchester-Schiffahrtskanal ist eine der belebtesten Wasserstraßen Englands.
3) Der Bristol-Kanal trennt Wales vom Südwesten Englands.
4) Der alte Kanal wurde wiedereröffnet.
5) Er erfuhr es durch offizielle Kanäle.
6) Im Kanal II gibt es heute ein interessantes Fernsehprogramm.
7) Der Suezkanal war lange blockiert.
8) Die Kanäle auf dem Mars sind auf Photographien gut erkennbar.
9) Der Bau des Kanaltunnels verzögert sich ständig.
10) Die Kanalinseln haben ein angenehmes Klima.
11) Beide Städte waren durch einen Kanal verbunden.
12) Der Bau des Panamakanals dauerte sehr lange.

30. KOCHEN

to boil　　　　　: "(of water) to become so hot that it rises and steams"
(-ed, -ed)　　　　　(kochen: zum Kochen bringen, sieden)

to cook　　　　　: "to prepare food by heating it"
(-ed, -ed)　　　　　(kochen: Speisen kochen, zubereiten)

30. BOIL – COOK

1) Magst du hart- oder weichgekochte Eier?
2) Paß auf, daß die Milch nicht überkocht!
3) Sie machte sich nichts aus Kochen.
4) Die Suppe ist kochend heiß.
5) Ich werde das Essen kochen, und du kannst aufdecken.
6) Er kochte vor Wut.
7) Sie kochte ein herrliches Abendessen.
8) Franzosen sind Meister der Kochkunst.
9) Die See kochte.
10) Wasser kocht bei 100°.

31. KRANK

ill : "not well in health", predicatively used
(krank)

sick : "having a disease"; stronger than "ill"; so unpleasant that causing a bad feeling; used attributively
(krank)

31. ILL – SICK

1) Ich werde schnell seekrank.
2) Ich bin schon krank, wenn ich nur ans Examen denke.
3) Sie ist krank und kann nicht kommen.
4) Sie fühlte sich krank, sobald das Schiff den Hafen verließ.
5) Jack ist nun schon seit drei Wochen krank.
6) Kranke Kinder müssen im Bett bleiben!
7) Ich fühlte mich die ganze Nacht krank.
8) Das kleine Kind war krank vor Angst.
9) Er meldete sich heute morgen krank.
10) Du siehst krank aus!

32. KRITIK

criticism : "critical essay or remark"
(Kritik allgemein; kritische Äußerung)

review : "critical account of a book, play, etc. "
(Kritik, Besprechung eines Buches, Films, usw.)

32. CRITICISM – REVIEW

1) Er verläßt sich nie auf Buchkritiken.
2) Er konnte keine Kritik vertragen.
3) Sein Verhalten ist über jede Kritik erhaben.
4) Sein Buch erhielt gute Kritiken.
5) Die Textkritik war überzeugend.

33. LAND

country : "land occupied by a nation, in which somebody was born"
(Land im Sinn von Staat, politisches Gebilde)

land : "solid part of the earth's surface; ground used for farming"
(Land: im Gegensatz zu Meer, Wasser)

33. COUNTRY – LAND

1) Der Wecker riß ihn aus dem Land der Träume.
2) Sie fuhren über Land.
3) Er freute sich über die frische Landluft.
4) Das Land ließ sich leicht pflügen.
5) Die USA sind ein riesiges Land.
6) Sie kauften sich ein Landhaus.
7) Nach der stürmischen Überfahrt freuten wir uns, Land zu sehen.
8) Sie lebten gern auf dem Land.
9) Das Heilige Land zieht viele Besucher an.
10) Die Entwicklungsländer brauchen unsere Hilfe.
11) Sie nahmen den Landweg.

34. LANDSCHAFT

landscape : "a wide view of country scenery"
(Landschaft)

scenery : "the general appearance of the country; special details"
(Landschaft)

34. LANDSCAPE – SCENERY

1) Die Landschaft bestand hauptsächlich aus Kakteen und Sand.
2) Sie war von der schönen Landschaft ganz angetan.
3) Mein Freund ist ein ziemlich guter Landschaftsmaler.
4) Anzeige in einem Schaufenster: Wir bieten Landschaften für jeden Geschmack.
5) Sie genoß die atemberaubende Landschaft vom Zug aus.
6) Schau nur diese malerische Landschaft des Lake District!
7) Sie sehnte sich danach, die romantische Landschaft Irlands wiederzusehen.
8) Die Schweiz ist wirklich eine schöne Berglandschaft.

35. LASSEN

to give up : "to stop doing sth."
(gave, given)   (aufgeben)

to leave   : "to go away from"
(left, left)   (verlassen)

to let   : "to allow to"
(let, let)   (lassen)

to let go   : "to stop holding"
(let, let)   (loslassen)

35. GIVE UP – LEAVE – LET – LET GO

1) Laß ihn nicht gehen.
2) Ich sollte das Rauchen lieber lassen.
3) Warum läßt du uns so oft allein?
4) Kannst du das Naschen wirklich nicht lassen?
5) Laß mich sehen, ob ich helfen kann.
6) Ach, laß mich!
7) Laß uns spazierengehen, die Sonne scheint.
8) Das solltest du lieber Deinen Eltern überlassen.
9) Wenn du mich fragst: laß es sein!
10) Es ist wie ein Fieber: er kann das Stehlen nicht lassen.
11) Laß die Tür nicht los, es ist ziemlich windig.
12) Laß los! Du tust dem Kind weh!
13) Versprich mir, dich festzuhalten und nicht loszulassen.

36. LEGEN, LIEGEN

to lay　　　　: "to place in a certain position, to put, to spread over
(laid, laid)　　　　a surface"
　　　　　　　　(legen, hinlegen)

to lie　　　　: "to put oneself in a resting position, to be in a flat
(lay, lain)　　　　position"
　　　　　　　　(liegen)

36. LAY – LIE

1) Ich werde mich eine Stunde hinlegen.
2) Warum läßt du das Buch auf dem Boden liegen?
3) Die Hühner legten ziemlich kleine Eier.
4) Alle Bücher, die auf dem Tisch liegen, sind käuflich.
5) Die Wahrheit liegt wie immer in der Mitte.
6) Die Armee streckte die Waffen.
7) Ein Fluch lag über dem Schloß.
8) Die Entscheidung hängt völlig von dir ab.
9) In diesem Jahr haben die Hühner sehr schlecht gelegt.
10) Er lag schon eine ganze Weile dort.
11) Frische Eier zu verkaufen!
12) Wie lange hast du während deiner Krankheit im Bett gelegen?
13) Leg das Geld auf den Tisch, bitte!
14) Leg dich endlich hin!
15) Der Bürgermeister legte den Grundstein für das neue Theater.
16) Kommt, bitte! Der Tisch ist gedeckt!

17) Das Fernsehkabel wurde rechtzeitig gelegt.
18) Manchester liegt in den Midlands.
19) Liegt es in deiner Macht, ihm zu helfen?
20) Nach dem Essen lege ich mich immer etwas hin.

37. LEICHT

easy : "not difficult; free from pain, discomfort"
(leicht, mühelos, einfach; gefällig; natürlich)

light : "of little weight, easy to lift; quick and graceful; not violent"
(leicht)

37. EASY – LIGHT

1) Die leichte Kavallerie griff an.
2) Das Rätsel war leicht zu lösen.
3) Mathematik fällt mir leicht.
4) Das Gewicht war leicht wie eine Feder.
5) Abends ißt er nur eine leichte Mahlzeit.
6) Nimm's leicht!
7) Ein leichter Wind trieb ihr Boot vorwärts.
8) Der Prüfer stellte leichte Fragen.
9) Er löste das Problem mit Leichtigkeit.

38. LEIHEN

to borrow   : "to get something from someone"
(-ed, -ed)   (sich borgen von jemandem)

to lend   : "to give something to someone"
(lent, lent)   (ausleihen an jemanden)

38. BORROW – LEND

1) Ich verleihe nur ungern Geld.
2) Leih mir bitte deinen Füllfederhalter!
3) Wer hat dir das geborgt?
4) Man sollte sich von anderen nichts borgen.
5) Er borgte sogar von seinem Bruder Geld.
6) Frag Mrs. Jones, ob sie uns ein paar Zwiebeln borgen könne.
7) Er hat sich eine beträchtliche Summe von mir geborgt.
8) Ich habe ihm eine beträchtliche Summe geborgt.
9) Die vielen Plakate verliehen der Stadt ein buntes Aussehen.
10) Die Leihbücherei bleibt heute geschlossen.
11) Die deutsche Sprache hat nach dem Krieg viele Anglizismen aufgenommen.
12) Geldverborgen bringt nur Sorgen!
13) Der Geldverleiher betrug die Leute schamlos.
14) Er borgt gern Geld, verleiht selber aber nie einen Pfennig.
15) Der Wissenschaftler übernahm die Methoden seines Kollegen.
16) Man sollte lieber Geld verleihen können als borgen müssen.
17) Von wem hast du diese Bücher geborgt?

18) Die Bank wird dir bestimmt kein Geld mehr leihen.
19) Mein Nachbar borgt dauernd Werkzeuge von mir.
20) Er wollte meinen Wagen borgen, aber ich sagte, daß ich ihn selber benötige.

39. (der, die, das) LETZTE

last   : "after all others"
                (letzte)

latest   : "most recent"
                („letzter" als neuester)

39. LAST – LATEST

1) Der letzte sollte die Tür schließen.
2) Hast du die letzten Nachrichten über den Iran schon gehört?
3) Er wäre der letzte, das zu wünschen.
4) Die letzten Wähler kamen um 10 Minuten vor sechs.
5) Hast du schon Bölls letzten (neuesten) Roman gelesen?
6) Dies sind unsere letzten Äpfel.
7) Die letzten Nachrichten gibt es um Mitternacht.
8) Sie ist immer nach der letzten Mode gekleidet.
9) Wieso sollte ich die neuesten Popsongs kennen?
10) Das steht in der vorletzten Zeile.

40. MACHEN

to do : "to accomplish a thing, to perform an action"
(did, done) (tun, machen, durchführen, verrichten)

to make : "to produce something new, to form, to build"
(made, made) (anfertigen, herstellen, errichten, bauen)

40. DO – MAKE

1) Er machte sich eine Tasse Kaffee.
2) Das exotische Essen machte ihn krank.
3) Die Kinder machten eine Menge Lärm.
4) Erledige deine Aufgaben bitte sorgfältiger!
5) Er tat alles, um mir zu helfen.
6) Diese Tapete verleiht dem Zimmer ein schönes Aussehen.
7) Tu doch, was du willst!
8) Was machst du da?
9) Ich werde dir ein faires Angebot machen.
10) Du hast ganz richtig daran getan, mir das zu erzählen.
11) Soll ich dir eine Tasse echten englischen Tee machen?
12) Sie erledigte ihre Wäsche immer am Sonnabend.
13) Er wird die Festansprache halten.
14) Dieser Roman liest sich sehr angenehm.
15) Er erledigte seine Hausaufgaben immer sehr schnell.
16) Er verdient eine Menge Geld in seiner neuen Stellung.

17) Erfülle deine Pflicht und besuch ihn!
18) Er wusch immer das Geschirr ab.
19) Der Mechaniker erledigte die Reparaturarbeit sehr schnell und gewissenhaft.

41. MITTE

centre : "centre is a definite point"
(Zentrum, genauer Mittelpunkt, Brennpunkt)

middle : "middle is the indefinite space around or near the centre"
(ungefähre Mitte, mittlerer Teil)

41. CENTRE – MIDDLE

1) Er wird Mitte nächster Woche kommen.
2) Er pflanzte einen Baum in die Mitte des Gartens.
3) Wie kann man die Mitte eines Kreises finden?
4) Der Mittelstürmer spielte heute glänzend.
5) Was würdest du als die Mitte Londons bezeichnen?
6) Laß das Mittelfenster bitte geschlossen!
7) Die Mitte der Straße war aufgerissen worden.
8) In der Mitte des Saales stand ein großes Podium.
9) Die mittelenglische Literatur ist hochinteressant.
10) Das Gesundheitszentrum war stets offen.
11) Der Filmstar liebt es, immer im Mittelpunkt zu stehen.
12) Das Einkaufszentrum lag weit draußen vor der Stadt.
13) Die Mitte des Raumes lag fast völlig im Dunkeln.
14) Der Schwerpunkt war leicht zu finden.
15) Sie hat um die Taille zugenommen.
16) Der Schütze traf das Ziel.
17) Mitte nächsten Monats ist sein Geburtstag.
18) Sie aßen gerade Abendbrot, als ich klingelte.
19) Das Mittelalter sah viele historische Ereignisse.

42. (immer) NOCH / NOCH NICHT

still : "up to now; then and at this moment"
(– immer – noch)

yet : like "already", but non assertive; used in questions and negations and usually put in end-position
(– immer – noch nicht)

42. STILL – YET

1) Er ist noch hier.
2) Er ist noch nicht hier.
3) Wenn du (immer) noch unsicher bist, solltest du nicht gehen.
4) Er hat mein Buch vor zwei Monaten bekommen, aber ich habe es noch nicht zurückbekommen.
5) Wenn Sie 60 sind und immer noch auf dem Lande leben, werden Sie das Leben in der Stadt nicht mögen.
6) Wenn du deinen Bruder (immer) noch nicht gefunden hast, wirst du es auch nicht mehr tun.
7) Ich kann nicht kommen, da ich meine Schularbeiten noch nicht gemacht habe.
8) Ich kann nicht kommen, da ich noch viel zu tun habe.
9) Nein, Sie können nicht zu ihm, er ist noch beschäftigt.
10) Ist dein Bruder noch nicht angekommen?
11) Hoffst du (immer) noch auf einen Brief von ihnen?
12) Haben Sie (immer) noch nichts von ihm gehört?

43. POLITIK

policy : "plan or course of action as chosen by politician or political party"
(Politik als politische Einstellung, Haltung, Vorhaben)

politics : "art or science of government"
(politisches Geschäft, politische Wissenschaft)

43. POLICY – POLITICS

1) Ich möchte gern Politik in Oxford studieren.
2) Der neue Abgeordnete ist ziemlich unbekannt; welche Politik vertritt er in der Rassenfrage?
3) Politik wird oft als ein nicht gerade ehrenwerter Beruf angesehen.
4) Ich werde X wählen, er vertritt eine Politik des Friedens.
5) Er möchte gern in die Kommunalpolitik einsteigen.
6) Seit wann bestimmt denn Y die Richtlinien der Außenpolitik?
7) Politik? – Nur ein schmutziges Geschäft!
8) Er wird sicher wiedergewählt werden, man schätzt seine erfolgreiche Politik in Erziehungsfragen.
9) Er rät zum vorsichtigen Handeln in der Politik.
10) Für eine erfolgreiche Parteipolitik braucht man gute Ideen.
11) Politik interessiert mich nicht!

44. PREIS

price : "amount of money you must pay for something"
         ([Kauf] Preis)

prize : "something you receive when you win a competition"
         ([Sieger] Preis, Prämie, Belohnung)

44. PRICE – PRIZE

1) Er mußte einen hohen Preis für den Erfolg zahlen.
2) Der Preis für das Buch war ihm zu hoch.
3) Er erhielt den zweiten Preis.
4) Die Preise stiegen um mehrere Prozent.
5) Er gewann den ersten Preis in der Lotterie.
6) Er erhielt nur einen Trostpreis.
7) Du mußt das um jeden Preis verhindern.
8) Er erhielt einen Buchpreis für seine schulischen Leistungen.

45. REISE

journey : "travelling; a long walk, ride or drive"
([Land] Reise, Strecke, Route)

tour : "journey out and home again during which one stops at various places"
([Rund] Reise, Rundfahrt, Bildungsreise)

trip : "journey, esp. for pleasure"
([kurze] Reise, Ausflug)

voyage : "journey by water, esp. a long one in a ship"
([See] Reise)

45. JOURNEY – TOUR – TRIP – VOYAGE

1) Reisen ins Ausland sind sehr beliebt geworden.
2) Wie lange dauert die Reise mit der Bahn?
3) Wir wünschen euch eine gute Reise!
4) Wir machen eine Ferienreise durch Wales.
5) Die Entdeckungsreise führte ihn durch viele Länder.
6) Unsere Ozeanreise verlief ruhig.
7) Er machte eine Reise nach Großbritannien.
8) Wir reisten vier Wochen durch Schottland.
9) Er plant eine Weltreise.
10) Die Seereise nach Amerika dauerte eine Woche.
11) Die Oase liegt eine Tagesreise von hier.
12) Er machte eine Vergnügungsreise nach Italien.
13) Die Geschäftsreise führte ihn durch mehrere Städte.
14) Er machte eine Vortragsreise.
15) Die Rundreise machte ihm viel Spaß.

46. REZEPT

prescription : "written directions for medicine"
(Rezept eines Arztes)

recipe : "direction for preparing food"
([Koch] Rezept)

46. PRESCRITION – RECIPE

1) Hast du ein gutes Rezept für Weihnachtskuchen?
2) Der Arzt gab ihm ein Rezept.
3) Er bekam die Hustentabletten ohne Rezept.
4) Es gibt kein Rezept gegen das Altern!
5) Sie hatte eine große Rezeptesammlunng.
6) Er versuchte, die Drogen ohne Rezept zu bekommen.

47. SAGEN

to say : "to speak, to express in words"
(said, said) (sagen, äußern, sprechen [indir. Objekt mit **to**])

to tell : "to give news to somebody, to give orders"
(told, told) (mitteilen, erzählen [indir. Objekt ohne **to**])

47. SAY – TELL

1) Was hat er dir gesagt?
2) Sag mir deine Anschrift, bitte!
3) Er sagte, daß es ihm gut gehe.
4) Sag die Wahrheit!
5) Wer hat das gesagt?
6) Das kann ich wirklich nicht sagen.
7) Er sagte ihm das Ergebnis.
8) Wer kann sagen, was passieren wird!
9) Dazu gibt es nichts zu sagen.
10) Können Sie mir sagen, wie spät es ist?
11) Sag ihm, er soll endlich gehen!
12) Was soll man dazu sagen!
13) Sie sagte ihm, wo sie wohnte.
14) Das werde ich dir auf keinen Fall sagen.
15) Was sagst du zu meinem Vorschlag?

48. SCHWER

difficult : "not easy, hard to do"
(schwierig, nicht leicht zu behandeln, schwer)

hard : "more general than **difficult**"
(hart, mühsam, anstrengend)

heavy : "of great weight, not easy to lift; forceful"
(schwer [Gewicht])

48. DIFFICULT – HARD – HEAVY

1) Seine Beine waren schwer wie Blei.
2) Diese Aufgabe war schwer zu lösen.
3) Die deutsche Schwerindustrie liegt hauptsächlich an der Ruhr.
4) Schwere Zeiten kamen auf sie zu.
5) Während des Krieges war das Leben schwer.
6) Mathematik ist ein schweres Fach für ihn.
7) Es fällt mir schwer, ihn zufriedenzustellen.
8) Er ist ein schwer zu verstehender Philosoph.
9) Die Mannschaft erlitt eine schwere Schlappe.
10) Das Gewicht war zu schwer.
11) Er hatte harte Eltern.
12) Diese Frage ist zu schwer.
13) Das Essen lag ihm schwer im Magen.
14) Die harten Tatsachen überzeugten ihn.
15) Er hörte schwere Fußschritte näher kommen.

49. SCHWIMMEN

to float : "to rest on the surface of water, not to sink"
(-ed, -ed)   ([obenauf] schwimmen, treiben)

to swim   : "to move the body through water by using arms and
(swam, swum)   legs"
              ([durch Körperbewegung] schwimmen)

49. FLOAT – SWIM

1) Die Trümmer schwammen auf dem Wasser.

2) Er schwamm einen neuen Weltrekord.

3) Der Schwimmwettbewerb dauerte eine Woche.

4) Schwimmt Kork, oder geht er unter?

5) Er schwimmt wie ein Fisch im Wasser.

6) Holz schwimmt auf dem Wasser.

50. SEHEN

to look : "to give attention to in seeing"
(-ed, -ed) (bewußt etwas sehen wollen)

to see : "to use one's eyes, power of sight"
(saw, seen) (sehen als Fähigkeit eines Sinnesorgans)

50. LOOK – SEE

1) Sie sieht heute müde aus.
2) Deine Tochter sieht in ihrem neuen Mantel hübsch aus.
3) Sieh um die Ecke, du wirst ihn dort sehen.
4) Darf ich mir deine Bücher ansehen?
5) Er kann einem einfach nicht in die Augen sehen.
6) Es ist so dunkel, ich kann kaum etwas sehen.
7) Er muß zum Arzt, mit dem linken Auge sieht er nicht gut.
8) Ich habe in der Straße nach ihr gesehen, aber ich konnte sie wegen des Nebels nicht sehen.
9) Kannst du nicht sehen, was da los ist?
10) Siehst du, was ich meine?
11) Bitte, hilf mir! – Ich werde sehen, was ich machen kann.
12) Der Fremde mußte auf der Karte nachsehen, um das Rathaus zu finden.

51. (AB, HIN) SETZEN

to seat   : "to cause or help to sit"
(-ed, -ed)   (Platz nehmen)

to set   : "to put something or someone on a place"
(set, set)   (hin, absetzen)

to sit   : "to rest in a position"
(sat, sat)   (sich setzen)

51. SEAT – SET – SIT

1) Darf ich mich neben Sie setzen?
2) Setzen Sie sich bitte!
3) Dreihundert Leute passen in diese Halle.
4) Bitte setzt die Lampe auf den Tisch dort drüben.
5) Setz dich nicht auf den Tisch!
6) Warum habt ihr Euch noch nicht gesetzt?
7) Setz dich bitte in den bequemen Sessel da drüben!
8) Er setzte den kleinen Jungen auf seine Knie.
9) Ich kann keinen Platz finden, Mrs. Jones. – Nun, dann mußt du dich auf den Fußboden setzen.

52. (ER) SPAREN

to save : "to store money instead of using it, to keep for future
(-ed, -ed)   use"
             (Geld sparen)

to spare : "to use economically or frugally, to use in small quan-
(-ed, -ed)   tities"
             (sparsam mit etwas umgehen, sich etwas ersparen)

52. SAVE – SPARE

1) Er sparte weder Zeit noch Geld, ihm zu helfen.
2) Wir müssen mehr Energie sparen.
3) Die Sparkasse schloß um fünf Uhr.
4) Er ersparte sich keine Mühen.
5) Er hat schon $ 50 gespart.
6) Sparen Sie sich ihre Worte!
7) Erspar dir deinen Besuch! Schreib statt dessen einen Brief!
8) Kannst du 10 Minuten für mich erübrigen?

53. SPIEL

game   : "governed by set rules"
              (Spiel mit festen Regeln)

match   : "competition in any sport"
              (Spiel als Wettkampf)

play   : "activity for amusement; performance in theatre"
              (Spiel im Gegensatz zu Arbeit; Theateraufführung)

53. GAME – MATCH – PLAY

1) Schach ist ein schönes, aber schweres Spiel.
2) Dürfen wir uns das Fußballspiel ansehen?
3) Das Spiel der englischen Schauspielgruppe war fantastisch!
4) Wieviele Spiele werden in diesem Jahr gezeigt?
5) Für Marcs Geburtstag muß ich mir einige Spiele für draußen ausdenken.
6) Wißt ihr auch genügend Spiele für die Party?
7) Dieses Spiel am Wochenende ist das wichtigste dieser Baseballsaison.
8) Die Kricketspieler waren nach dem verlorenen Spiel ziemlich traurig.
9) Jeder kann das machen, es ist ein Kinderspiel.
10) Vergeßt nicht: vor allem faires Spiel!
11) Wann finden die nächsten Olympischen Spiele statt?
12) Alle waren sich einig: dies war wirklich das Spiel des Jahres.

54. (BE)STEHLEN

to rob (-bed, -bed)	:	"to take the property"; used with **of** (im Sinn von „überfallen, ausrauben")
to steal (stole, stolen)	:	"to take without any right" (entwenden, wegnehmen)

54. ROB – STEAL

1) Der Einbrecher entkam in einem Wagen, den er gestohlen hatte.
2) Unserer Bankbote wurde am Wochenende bestohlen.
3) Der Dieb stahl mir meine neue Kette.
4) Paß auf, hier werden viele Dinge gestohlen.
5) Smiths wurden auf ihrer Ferienreise bestohlen.
6) Beim letzten Banküberfall wurden £ 100,000 gestohlen.
7) Drei Einbrecher stahlen letzte Nacht Mrs. Clarks Juwelen.

55. TRAGEN

to bear : "to support, to suffer without complaining"
(bore, born)   (Kosten, Verlust, Folgen tragen; Schmerzen ertragen, aushalten)

to carry : "to take up things and move them from one place to another"
(-ied, -ied)   (tragen, befördern)

to wear : "to have on the body"
(wore, worn)   (am Körper tragen [Kleidungsstücke])

55. BEAR – CARRY – WEAR

1) Wir trugen den Kranken ins Haus.
2) Der Baum trug köstliche Früchte.
3) Ich trug den Mantel über dem Arm.
4) Ich brauchte den Pullover nicht zu tragen, da es sehr warm war.
5) Sie kann es nicht ertragen, ausgelacht zu werden.
6) Die Eingeborenen tragen ihre Kinder auf dem Rücken.
7) Englische Polizisten tragen keine Pistolen.
8) Der Patient ertrug die Schmerzen mit Mühe.
9) Ist das Eis dick genug, dein Gewicht zu tragen?
10) Er trägt einen scheußlichen Schlips!
11) Dieser Anzug hat sich gut getragen.
12) Du kannst diese schwere Kiste unmöglich tragen!
13) Ihr Antlitz trug Zeichen der Trauer.
14) Das Dach konnte den Schnee kaum tragen.
15) Ihre Schleppe wurde von zwei Dienern getragen.

16) Welch schönen Mantel Sie tragen!
17) Er trägt seine Haare kurz.
18) Der Zug trug den Minister in die Hauptstadt.
19) Sie trägt ihr Herz auf der Zunge!
20) Die Brille, die Sie tragen, macht Sie viel älter, als Sie sind!

56. VERNÜNFTIG

reasonable : "in accordance with reason, willing to listen to reason"
(vernünftig und einsichtig, denkend handelnd)

sensible : "wise, having common sense, not stupid"
(klug, vernünftig, einsichtig)

56. REASONABLE – SENSIBLE

1) Das ist ein vernünftiger Vorschlag.
2) Es ist sehr vernünftig von dir, nach Hause zu kommen.
3) Sei vernünftig und gib nach!
4) Das ist ein vernünftiger Preis für ein so wertvolles Buch.
5) Er ist sehr vernünftig in seinen Forderungen.
6) Er trug vernünftige Kleidung.
7) Gib mir eine vernünftige Entschuldigung für dein Verhalten.
8) Er ist vernünftig genug, dir einen guten Rat zu geben.

57. VERWEIGERN

to deny   : "to refuse to give or allow"
(-ied, -ied)   (abschlagen, vorenthalten)

to refuse   : "to say 'no' to a request"
(-ed, -ed)   (nicht annehmen, zurückweisen)

57. DENY – REFUSE

1) Er verweigerte die ihm angebotene Hilfe.
2) Schade, daß seine Eltern ihm nie etwas verweigert haben.
3) Mein Onkel hat sich stets jeden Luxus verweigert (versagt).
4) Was sollen wir machen, er verweigert jede Aussage.
5) Sie war so wütend, daß sie sich sogar weigerte, ihn zu grüßen.
6) Das Pferd verweigerte den Sprung zum dritten Mal.
7) Sie verweigerte ihm jede Einmischung in ihr Privatleben.
8) Der kleine Junge weigerte sich, uns zu sagen, wohin er gehen wollte.
9) Jugendlichen wird der Eintritt verweigert!
10) Warum verweigerst du mir immer alles?

58. VIEL(e)

many   : "a great number of"; used with countables
                  (viele)

much   : "a great amount of"; used with uncountables, abstract
                  nouns
                  (viel, vieles)

58. MANY – MUCH

1) Hast du viele Freunde?
2) Viele Äpfel wurden dieses Jahr nicht reif.
3) Wir besitzen nicht mehr viel Geld, obwohl wir noch viel Kleingeld haben.
4) Dies sind deine Münzen, du hast mir zuviel gegeben.
5) Hier sind deine Tabletten. Brauchst du wirklich so viel?
6) Sie hat nicht viel geschlafen heute nacht.
7) Wieviel Schüler haben heute gefehlt? – Drei – Nun, verglichen mit gestern ist das nicht viel.
8) Ich bewundere Dr. Jones. Vieles von dem, was er sagt, ist richtig.
9) Bitte, behalte dein Geld. Du hast mir schon zuviel gegeben.
10) Wieviel kostet ein Kilo Bohnen?
11) Ich habe die Hausaufgaben nicht gemacht, ich fand, das war zu viel.
12) Von seinem letzten Roman halte ich wirklich nicht viel.

59. (Aus)WÄHLEN

to choose (chose, chosen)	:	"to take by preference" (auswählen)
to elect (-ed, -ed)	:	"political action; to choose by vote" (wählen als politische Handlung)
to select (-ed, -ed)	:	"to choose from a group; to pick out as best" (aus einer bestimmten Anzahl auswählen)
to vote (-ed, -ed)	:	"political action" (stimmen für)

59. CHOOSE – ELECT – SELECT – VOTE

1) Unter vielen Romanen wählten die Schüler Huxleys „Brave New World" aus.
2) Wann wird das nächste Parlament gewählt?
3) Wirst du Jones diesmal wählen?
4) Sie war überglücklich, sie konnte wählen was sie wollte.
5) Man muß 18 sein, um wählen zu können.
6) Wann wurde Kennedy zum Präsidenten gewählt?
7) Es ist schwer, den richtigen Beruf zu wählen.
8) Wähle eines von diesen vier Kleidern aus.
9) Wir wollen den neuen Vorsitzenden aus unserer Mitte wählen.
10) Die meisten Jugendlichen wählen diese neue Partei.
11) 1973 wurde er zum erstenmal zum Kanzler gewählt.
12) Welches Thema wirst du für deine Semesterarbeit wählen?

60. WENIG

few : "indicates smallness of number"; used with countables
(wenige)

a little : "rather, to some degree";
(etwas)

little : "indicates smallness of an amount"; used with uncountables
(wenig)

60. FEW – A LITTLE – LITTLE

1) Ich möchte bitte noch ein wenig Wein.
2) Du kannst nicht mehr haben, es ist nur noch wenig übrig.
3) Sprechen Sie Spanisch? – Ja, ein wenig.
4) Ein wenig später kamen sie zurück.
5) Tom weiß nur wenig über Judy.
6) Sie hat nur noch wenige Pralinen.
7) Kann ich einen Apfel haben? – Nein, da sind so wenig, ich kann Dir keinen geben.
8) Kann ich noch mehr Brot haben? – Nein, dann bleibt für morgen zu wenig.
9) Ich verstand nur wenig von dem neuen Coppala Film, aber mein Bruder gehört zu den wenigen, die ihn verstanden.
10) Sie beklagt sich, daß sie zu wenig Zeit habe, um sich zu amüsieren.
11) Es ist eine wenig bekannte Tatsache, daß sie so lange verheiratet sind.

61. WENIGER

fewer : "a smaller number than;" used with countables (it is considered better English to use "fewer" rather than "less" with plural nouns)
(weniger)

less : "a smaller amount than;" used with uncountables and abstract nouns
(weniger)

61. FEWER – LESS

1) Politik könnte ihn nicht weniger interessieren.
2) Noch weniger helfen konntest du mir wohl nicht?
3) Wenn sie bloß weniger Fehler machte!
4) Heute werden drei Häuser weniger als gestern angeboten.
5) Ist doch klar: weniger Einsatz, weniger Geld.
6) Wird X mehr Stimmen bekommen? – Nein, ich fürchte, weniger.
7) Wie wär's mal mit weniger Trinken, alter Freund?
8) Immer weniger Schüler wählen Latein.
9) Wenn sie bloß weniger schwatzen würden!
10) Sind die Schüler heute wirklich weniger höflich?
11) In keiner Klasse sind weniger als 30 Schüler.

62. WERDEN

to become : "to come or grow to be"
(became, become) (werden (bei Substantiven, Comparativen, Adjektiven)

to get : colloquially equivalent of "to become"
(got, got) (werden [in Verbindung mit Adjektiven])

to grow : "to become"
(grew, grown) ([allmählich] werden, sich entwickeln)

to turn : "to change in nature, quality, condition"
(-ed, -ed) (werden [sich plötzlich von einer Qualität in eine andere verwandeln])

62. BECOME – GET – GROW – TURN

1) Die Milch wurde sauer.
2) Jetzt wird es früher dunkel.
3) Sie errötete vor Verlegenheit.
4) Nach dem Unfall wurde er blind.
5) Er ist netter Kerl geworden.
6) Jeder wird älter, Keiner jünger!
7) Der Hund wurde sein bester Kamerad.
8) Sein Hund wurde alt.
9) Er wurde seiner Arbeit überdrüssig.
10) Ihre Haare werden langsam grau.
11) Er wurde wütend.
12) Im Herbst werden die Bäume kahl.
13) Das Wasser wurde zu Eis.
14) Seine Liebe zu ihr wuchs ständig.
15) Er wurde blaß, als er die Nachricht erhielt.

63. WOLLEN

to like : "to be fond of; to want something"
(-ed, -ed) : (wollen als gern mögen, gern haben)

to want : "to have a strong desire"
(-ed, -ed) (wollen)

63. LIKE – WANT

1) Was magst du lieber: lesen oder fernsehen? Nun, heute möchte ich den neuen Film im Fernsehen sehen.
2) Magst du Eis? – Ja, aber jetzt will ich keins!
3) Ich will, daß er morgen um vier kommt.
4) Was willst du als nächstes tun?
5) Ich möchte bitte einige Äpfel!
6) Ihre Mutter will, daß sie bleibt.
7) Am liebsten will Paul jeden Tag mit seinem neuen Fahrrad fahren.
8) Was wollt ihr nächsten Sonnabend machen?
9) Ich mag nicht gern in dunklen Räumen sitzen.
10) Der Vater wollte, daß David sich sofort entschuldigte.

Lösungen

1. DIFFERENT – ANOTHER

1) John drives a different car everytime he comes.

2) She didn't want the green car, the salesman had to show her another one.

3) Is this another one of your ideas? – Oh no, this is quite different.

4) It's quite a different life now that we have moved from the south to the north.

5) Oh please stop it, that's another question again.

6) Would you like another dress? – No, I've really got enough now.

7) Please give me another book. – No, first you must read this one.

8) No, you can't talk to him, please come another time.

9) Let us do something quite different for a change.

2. CHANGE – ALTER – MODIFY

1) The trousers have to be altered.

2) The weather changed constantly.

3) He has to alter his habits.

4) The tailor altered the coat without charging for it.

5) You are always changing your opinion.

6) He slightly modified his first plan.

7) The conditions must be changed.

8) We must modify the demands.

9) The second edition of his book had been modified.

10) We ought to alter the design.

3. ACTUAL – CURRENT – TOPICAL

1) The current price for oil varies all the time.
2) This is a very topical film.
3) He was very interested in current affairs.
4) It is of topical interest.
5) Can you give me the actual numbers?
6) The current edition reported the accident.
7) The actual number was unknown.
8) He used a topical expression.
9) The book is very topical.
10) Is that actually true?

4. ANCIENT – ANTIQUE – OLD

1) He is very interested in ancient history.
2) He is much too old for that.
3) In the good old times that wouldn't have happened.
4) Old English differs a great deal from Modern English.
5) The ancient temple made a big impression on the visitors.
6) Ancient Rome was once the centre of the world.
7) Antique vases fetch high prices.
8) He is thirteen years old.
9) Ancient languages are still indispensable.
10) He collected antique china.

5. BANK – BENCH

1) They were sitting on a bench.
2) The park benches had been taken away.
3) The bank had to close.
4) There was a sign on the bench 'Wet paint'.
5) The bank tills were closed today.
6) The bank didn't lend him any more money.
7) He broke the bank through his constant winning.
8) They sunbathed on a bench.

6. GLANCE – NOTICE – OBSERVE – PERCEIVE

1) We were able to perceive every movement.
2) The policeman noticed that the driver was drunk.
3) I noticed the mistake immediately.
4) He glanced at his watch.
5) Did you notice his behaviour?
6) The thief was observed entering the house.
7) She wasn't able to notice any difference.
8) I perceived him in the distance.
9) He glanced at the letter.
10) Did you notice how nervous he was?
11) She glanced through the booklist.
12) Did you observe whether he left the house?
13) He observed the robbers leaving the bank.
14) I didn't notice who was sitting in the car.
15) On clear nights you can perceive the stars.

7. REMAIN – STAY

1) I'd like to stay for a while.
2) I stayed up until midnight.
3) Don't stay so long; we don't have much time.
4) He remained silent during the conversation.
5) He stayed in a hotel overnight.
6) There still remains a lot to be done.
7) Not much of the building remained.
8) What has remained of all the money?
9) Can you stay for supper?
10) Stay on this road and drive straight on!
11) Persuade him not to go, but to remain in England.
12) I hope the weather stays (remains) nice.

8. NEED – USE

1) A mechanic needs a lot of tools.
2) I need a screwdriver; what do you need it for?
3) May I use your vacuum cleaner?
4) He needs a lot of money to buy a house.
5) Don't ask so many questions; use your common sense!
6) He couldn't use it, because it was broken.

9. BRING – TAKE

1) Please take the books to her!
2) Do you want to bring him for lunch?
3) He brought his son the present he had longed for.
4) Have you brought me anything nice?
5) Take the things into the cellar, please!
6) He took her to the station.
7) That brought him a lot of money.
8) The children are taken to school by bus every day.
9) Bring your friend with you!
10) The money he had won didn't bring him any luck.

10. ANY – SOME

1) You'll only be able to trick some of the pupils.
2) Some of the poems I liked very much.
3) Can I have some more of these nice cookies?
4) You can really believe me, you can ask any man in the street.
5) Don't you really have any new book?
6) Which candle do you want? – Well, anyone will do!
7) Can't you really sing any **other song**?
8) I looked for grapes everywhere before I found some really good ones.
9) Have you got any special offers today?

11. ONLY – SINGLE – SOLE

1) He is their only son.
2) He didn't know a single word of Russian.
3) He was the only one who was able to do that.
4) We were the only ones to wear dinner suits.
5) I'm doing it solely for you.
6) They played singles.
7) They are the only travellers to survive the accident.
8) Not a single person witnessed the accident.
9) He has the sole right to give orders.
10) He took a single room.

12. RAISE – RISE

1) The prices rose during the inflation.
2) The foreman's salary was raised.
3) This box is so heavy that I cannot raise it.
4) Raise the question if you consider it important!
5) A monument was raised in honour of the poet.
6) The sun rises in the East.
7) The children wanted to rise and go out to play.
8) The dog rose on its hind legs.
9) He raised his hat when he saw his boss.
10) He rose and went away.
11) Let us raise our glasses to his health!

12) The high tide made the river rise.

13) It will be fine: The barometer is rising!

14) A mountain range rose on the left.

15) An army had to be raised.

16) The people rose against the tyrant.

17) He raised his children to be tidy and honest.

18) His behaviour raised doubts about his faithfulness.

19) The aeroplane rose in the air.

13. REMEMBER – REMIND

1) Remind him of the book, please! I need it urgently.

2) I cannot remember his name.

3) Remember to visit him when you are in London.

4) She reminds me very much of her mother.

5) I will definitely remember his birthday.

6) I remember having read the book.

7) The picture reminded me very much of her parents.

8) May I remind you of the date?

9) I am afraid I will always remember the accident.

10) She reminded me of our first trip to England.

11) Where on earth is the letter? I remember clearly that I posted it.

12) After his return he couldn't remember where she lived.

13) That reminds me: Have you given him the money back?

14) Please remind me of it! A lot depends on it.

15) My grandfather has to be reminded of it all the time.

16) She remembers my birthday every year.
17) This record reminds me of the Beatles.
18) He couldn't remember ever having seen the film.
19) He doesn't watch any war films, because he doesn't want to be reminded of the terrible events.
20) The photograph reminded him of his first wife.

14. ACHIEVE – REACH

1) You'll never achieve your aim by this.
2) Please reach me the coffee pot.
3) After three hours they reached the station.
4) He will never achieve anything if he doesn't work harder.
5) The letter reached its destination two weeks late.
6) When he finally reached the farm most of the work had already been done.
7) I have only to convince my parents. – And how do you think to achieve that?
8) How can I reach you, if anything happens?
9) We reached the city late at night.
10) The ambitious politician hoped to achieve all his aims by the end of the year.

15. DRIVE – GO – RIDE – SAIL – TRAVEL

1) Please drive carefully!
2) How do you go (travel) to work?
3) We'd better go by car.
4) I have to sail on board the 'Prince Hamlet'.
5) Riding a bike is very healthy.

6) Why do your parents want to travel to France?
7) Go by train and enjoy the beautiful scenery of Sweden.
8) Finally we drove along the river Thames.
9) I would like to sail through the Kiel Canal once.
10) He has already sailed across every ocean.
11) My grandmother has never gone by taxi.
12) Michael is learning how to drive a car.
13) How often does the bus go to Hamburg?
14) This tanker is sailing to Port Said.
15) His car was travelling at 100 kilometres an hour when it went out of control and crashed.

16. FALSE – WRONG

1 He had the wrong key and therefore couldn't open the door.
2) The burglars got hold of a false key in order to rob the bank.
3) He is always doing everything wrong!
4) The pirates sailed under a false flag.
5) My watch is wrong.
6) He is really too young for false teeth.
7) The children were standing on the wrong side of the road.
8) He was wrong although he denied it.
9) He has a false character.
10) The police came, but it was a false alarm.
11) I'm continually dialling the wrong number.
12) The diamonds were false.

13) Her hair was false, she was wearing a wig.
14) These numbers have been wrongly added up.
15) The car had a false bottom for the refugee.
16) He learned to distinguish between right and wrong at an early age.
17) The runners made a false start.
18) In the court he gave false evidence.
19) During the examination he continually gave wrong answers.

17. BLUNDER – DEFECT – ERROR – MISTAKE – FAULT

1) I liked him very much, in spite of all his faults.
2) You shouldn't laugh about physical defects.
3) Your test is full of mistakes.
4) Errors excepted.
5) There must be a defect somewhere in the machine.
6) Their marriage was a big mistake right from the beginning.
7) You have made too many silly errors (mistakes). Otherwise your dictation would have been good.
8) That is really my fault (mistake).
9) That is a completely superfluous blunder!
10) In the book there are too many printing errors.
11) He was the victim of a legal error.
12) He always makes the same mistake in his paper.
13) He apologized for his blunder (mistake, error).
14) He made a big mistake when he offended the minister.
15) This accident happened through the driver's fault.

16) The fire couldn't be extinguished because of a defect in the hose.
17) The pieces of furniture don't fit properly because the carpenter made a mistake when taking the measurements.
18) The dictator made a big mistake when he didn't meet the justified demands of his people.
19) There must be an error in the bill.

18. FINISHED – READY

1) Ready, steady – go!
2) Come here please, supper is ready!
3) I'm completely finished.
4) Have you finished your essay?
5) The boys have finished their homework.
6) He's finished as a film star.
7) Is everything ready for the take-off?
8) The guests got ready to leave.
9) He is always ready with an answer.
10) The machine was ready for use.
11) Have you finished reading the newspaper?
12) The runner got ready for the final.
13) Get the hall ready for the conference!
14) The finished product was a great success.
15) Get ready, please!
16) Ready-made clothes really suit him well.
17) I have finished with you for good.
18) Are you ready at last so that we can go?
19) I haven't finished the exercise yet.

19. ALIEN – FOREIGN – STRANGE

1) Can you please help me, I'm a stranger here.
2) I don't understand the Arabs, their ideas are quite alien to our way of living.
3) Don't go with strange persons.
4) It is not easy when you are in a foreign country.
5) He still feels strange in his new class.
6) I don't know who called, it was a strange voice.
7) Curiosity is foreign to me.
8) Who is the new Minister for Foreign Affairs?
9) Have you ever met such alien people?
10) The man in front was a stranger to him.

20. ALL – ENTIRE – QUITE – TOTAL – WHOLE

1) Please tell me the whole truth.
2) She's quite alone in this big house.
3) He even didn't know the total sum of his debts.
4) This year the whole family will meet at Christmas.
5) Do you enjoy his entire confidence?
6) The whole country waited for the end of the war.
7 She realized the total extent of this message too late.
8) And that is the entire contents of the **novel**?
9) The total loss was about three million.
10) Don't tell me that you ate the whole cake.
11) He knew all the time that this would happen.

12) Stop it, you make him quite nervous!
13) She told him all in her entire naivity.
14) You really aren't quite normal!
15) Romeo loved Juliet with all his heart.

21. GO – WALK

1) It's going on midnight, I must be going now!
2) Shall we walk or take the bus?
3) My watch is going again.
4) Such a lot of books don't go into my satchel.
5) It can't go on like this.
6) Walking is healthy.
7) What's going on here?
8) Let's walk, it's such nice weather.
9) Time goes quickly.
10) You have gone too far!

22. COMPANY – SOCIETY – PARTY

1) The Railway Company went bankrupt.
2) The dinner party was very nice.
3) Can you keep me company, please?
4) She only moves in high society.
5) Human society suffers from a lot of evils.

6) The birthday party was very lively.
7) He wasn't respectable enough for good society.
8) We must give a party once again.
9) The 'Society of Jesus' is a religious sect.
10) Society gossip repulsed him.
11) There is a private party in the restaurant today.
12) He had been in bad company for too long.
13) The Insurance Company refused to pay.
14) Medieval Society had its own view of life.

23. CUSTOM – HABIT

1) She has got the bad habit of coming late.
2) It has become the custom for many German families to spend their holidays in the South.
3) I've been smoking out of habit for at least ten years.
4) Don't fall into the habit of taking drugs.
5) Religious customs vary in different countries.
6) Must I really do that? No, don't be a slave to habits.
7) In big cities it's easy to get into bad habits.
8) It's a custom to take off one's hat while listening to the national anthem.

24. HISTORIC – HISTORICAL

1) Stonehenge is one of the most impressive historic places.
2) He became famous through his historical novels.

3) We should order another ten historical atlases.
4) This church has to be maintained as an historic building.
5) Do you think that there really was an historic Prince Ironheart?
6) I like watching historical films.
7) Has Peter already finished his historical studies?
8) History was nothing but fascinating historic figures for our history teacher.
9) This year's award of the Nobel peace prize is an event of historic importance.
10) I'm impressed by Taylor's new book, it is an important historical analysis.

25. HAPPY – LUCKY

1) They are happily married.
2) The inheritance made him very happy.
3) He was very lucky in the accident.
4) A happy thought struck him.
5) Lucky circumstances made the victory possible.
6) I'm happy to have met him.
7) That was a lucky day for him.
8) He is always getting lucky hits.
9) Even small presents make him happy.
10) What a lucky coincidence!

26. BIG – GRAND – GREAT – HUGE – LARGE – TALL – VAST

1) John has grown tall.
2) That was a great idea!

3) When he is big, he wants to become a pilot.
4) The old stadium wasn't big (large) enough for all spectators.
5) The Sahara is a vast area of sand.
6) The distance between the earth and the moon is vast.
7) This map has rather a big scale.
8) It was a big mistake to tell him that.
9) He isn't very tall for his age.
10) From the top of the mountain there was a grand view.
11) Huge mountains stretched out on the horizon.
12) They wasted large sums of money.
13) He lived on a large scale.
14) We had grand weather.
15) The victory was a huge success.

27. CAUSE – GROUND – MOTIVE – REASON

1) I have no reason (grounds) for complaint.
2) He has no reason to treat me in such a way.
3) Money is often the cause of disputes.
4) For financial reasons he wasn't able to help me.
5) He acted from low motives.
6) The motive for this crime wasn't clear.
7) He couldn't come for weighty reasons.
8) What is the cause of thunderstorms?
9) He had every reason to mistrust him.
10) We didn't know his motives.
11) The main motive of the drama was jealousy.

12) What is the reason for his sudden departure?
13) He couldn't come today on grounds of health.
14) The cause of the war was far-fetched.

28. HEAR – LISTEN

1) For goodness sake, listen to him!
2) Be quiet, I want to listen to the music!
3) Did you hear the noise?
4) Today I have heard the first bird. It will soon be spring.
5) Don't listen to him! He rarely gives good advice.
6) Everybody listened attentively, but understood hardly anything.
7) They heard the cars colliding, but they couldn't see them.
8) Listen to what I'm saying!
9) Listen to the pianist! Doesn't it sound wonderful?
10) Don't listen to anybody, rely only on yourself!
11) I have heard that he is well again.
12) Hear! Hear!
13) Since his childhood he has not been able to hear very well.
14) We listened attentively, but couldn't hear anything.
15) He heard him coming and went into hiding.
16) The witness was heard, but wasn't able to say anything new.
17) The police listened in on the telephones of the ministry.
18) We heard the brakes screeching, but it was too late.
19) Have you heard the latest news?
20) We heard him stress frequently that he hadn't done it.

29. CHANNEL – CANAL

1) The English Channel is the narrowest point between Great Britain and the Continent.
2) The Manchester Shipcanal is one of the busiest waterways in England.
3) The Bristol Channel separates Wales from the Southwest of England.
4) The old canal was reopened.
5) He learned it through official channels.
6) On Channel II there is an interesting TV programme.
7) The Suez Canal was blocked for a long time.
8) The canals on Mars are easily recognizable on photographs.
9) The construction of the Channel Tunnel is continually postponed.
10) The Channel Isles have a pleasant climate.
11) Both towns were connected by a canal.
12) The construction of the Panama Canal took a long time.

30. BOIL – COOK

1) Do you like hard- or soft-boiled eggs?
2) Be careful that the milk doesn't boil over!
3) She didn't like cooking.
4) The soup is boiling hot.
5) I'll do the cooking and you can lay the table.
6) He boiled with rage.
7) She cooked a delicious supper.
8) The French are masters in cooking.
9) The sea was boiling.
10) Water boils at $100°$ C.

31. ILL – SICK

1) I easily get seasick.
2) I feel ill when I only think of the exam.
3) She's ill and can't come.
4) She felt sick as soon as the ship left the harbour.
5) Jack has already been ill for three weeks now.
6) Sick children must stay in bed!
7) I felt ill all night.
8) The little child was sick with fear.
9) He reported sick this morning.
10) You look ill.

32. CRITICISM – REVIEW

1) He never relies on book reviews.
2) He couldn't stand any criticism.
3) His behaviour is above criticism.
4) His book had good reviews.
5) The textual criticism was convincing.

33. COUNTRY – LAND

1) The alarm-clock brought him out of the land of dreams.
2) They travelled over land.
3) He enjoyed the fresh country air.

4) The land was easy to plough.
5) The USA is a huge country.
6) They bought a country mansion.
7) After the rough crossing, we were pleased to see land.
8) They liked living in the country.
9) The Holy Land attracts a lot of visitors.
10) The underdeveloped countries need our help.
11) They went by land.

34. LANDSCAPE – SCENERY

1) The scenery consisted mainly of cacti and sand.
2) She was quite impressed by the beautiful landscape.
3) My friend is quite a good landscape painter.
4) Advertisement in a shop window: We offer sceneries to suit all tastes.
5) She enjoyed the breathtaking landscape while sitting in the train.
6) Oh, look at this picturesque scenery of the Lake District.
7) She longed to see the romantic landscape of Ireland again.
8) Switzerland has really beautiful mountain scenery.

35. GIVE UP – LEAVE – LET – LET GO

1) Don't let him go.
2) I'd better give up smoking.
3) Why do you leave us alone so often?
4) Can't you really give up eating sweets?

5) Let me see if I can help.
6) Oh, leave me alone!
7) Let's go for a walk, the sun is shining.
8) You'd better leave this to your parents.
9) If you ask me: let it be.
10) It's like an illness: he can't give up stealing.
11) Don't let go of the door, it's rather windy.
12) Let go! You're hurting the child!
13) Promise me to hold tight and not let go.

36. LAY – LIE

1) I'm going to lie down for an hour.
2) Why do you leave the book lying on the floor?
3) The hens laid rather small eggs.
4) All books lying on the table can be purchased.
5) The truth always lies in the middle.
6) The army laid down their arms.
7) A curse lay on the castle.
8) The decision lies entirely on you.
9) This year the hens have been laying badly.
10) He has been lying there for quite a while.
11) Freshly laid eggs for sale!
12) How long did you lie in bed during your illness?
13) Lay the money on the table, please!
14) Lie down, for goodness sake!
15) The mayor laid the foundation stone for the new theatre.

16) Come here, please, the table is laid.
17) The TV cable was laid in time.
18) Manchester lies in the Midlands.
19) Does it lie in your power to help him?
20) After lunch I always lie down for a while.

37. EASY – LIGHT

1) The light cavalry attacked.
2) The riddle was easy to solve.
3) I find Mathematics easy.
4) The weight was as light as a feather.
5) In the evenings he eats only a light meal.
6) Take it easy!
7) A light breeze pushed their boat on.
8) The examiner asked easy questions.
9) He solved the problem easily.

38. BORROW – LEND

1) I don't like lending money.
2) Please lend me your fountain pen!
3) Who lent you that?
4) You shouldn't borrow anything from anybody.
5) He even borrowed money from his brother.

6) Ask Mrs. Jones whether she can lend us a few onions!
7) He has borrowed a considerable sum of money from me.
8) I have lent him a considerable sum of money.
9) The numerous posters lent the town a colourful appearance.
10) The lending library is closed today.
11) After the war the German language borrowed a lot of anglicisms.
12) Lending money brings a lot of trouble.
13) The money-lender cheated the people without any scruples.
14) He likes borrowing money, but never lends anyone a penny.
15) The scientist borrowed his colleague's methods.
16) One should always be in a position to lend money and not have to borrow it.
17) Who lent you these books?
18) The bank will certainly not lend you any more money.
19) My neighbour is always borrowing tools from me.
20) He wanted to borrow my car, but I said I needed it myself.

39. LAST – LATEST

1) The last one ought to shut the door.
2) Have you already heard the latest news about Iran?
3) He would be the last to desire that.
4) The last voters arrived at ten to six.
5) Have you already read Böll's latest novel?
6) These are our last apples.
7) The last news is broadcast at midnight.
8) She's always dressed after the latest fashion.

9) Why should I know the latest pop songs?
10) This is said in the last but one line.

40. DO – MAKE

1) He made himself a cup of coffee.
2) The exotic food made him feel ill.
3) The children made a lot of noise.
4) Do your homework more carefully!
5) He did everything to help me.
6) This wallpaper makes the room look nicer.
7) Do what you want to!
8) What are you doing there?
9) I'll make you a fair offer.
10) You did right by telling me that.
11) Shall I make you a cup of real English tea?
12) She always did her washing on Saturdays.
13) He is going to make the ceremonial address.
14) This novel makes good reading.
15) He always did his homework very quickly.
16) He makes a lot of money in his new job.
17) Do your duty and visit him!
18) He always did the dishes.
19) The mechanic did the repairs very quickly and conscientiously.

41. CENTRE – MIDDLE

1) He'll come in the middle of next week.
2) He planted a tree in the middle of the garden.
3) How can you find the centre of a circle?
4) The centre forward played superbly today.
5) What would you consider the centre of London?
6) Please leave the middle window closed.
7) The middle of the road had been torn up.
8) A large rostrum stood in the centre of the hall.
9) Middle English Literature is highly interesting.
10) The Health Centre was always open.
11) The filmstar always likes being the centre of attraction.
12) The shopping centre was situated far outside the town.
13) The centre of the room was almost completely in darkness.
14) The centre of gravity was easy to find.
15) She has put on weight round the middle.
16) The marksman hit the centre.
17) His birthday is in the middle of next month.
18) They were in the middle of supper when I rang.
19) The Middle Ages witnessed a lot of historical events.

42. STILL – YET

1) He's still here.
2) He's not here yet.
3) If you are still unsure you shouldn't go.

4) He got my book two months ago but I haven't received it back yet.
5) If you are 60 and still living in the country you won't like living in a big city.
6) If you haven't found your brother yet, you won't find him at all.
7) I can't come because I haven't done my homework yet.
8) I can't come because I still have a lot to do.
9) No, you can't see him, he's still busy.
10) Hasn't your brother arrived yet?
11) Are you still hoping for a letter from them?
12) Haven't you heard from him yet?

43. POLICY – POLITICS

1) I'd like to study politics at Oxford.
2) The Member of Parliament is rather unknown; what's his policy towards the racial question?
3) Politics isn't generally considered an honourable profession.
4) I'll vote for X, he stands for a policy of peace.
5) He would like to be engaged in local politics.
6) Since when does Y determine the principles of foreign policy?
7) Politics? – Nothing but a dirty business!
8) I'm sure that he will be elected again, people like him for his successful policy on education.
9) He advocates a cautious policy.
10) For successful party politics good ideas are needed.
11) I'm not interested in politics!

44. PRICE – PRIZE

1) He had to pay a high price for his success.
2) The price of the book was too high for him.
3) He was awarded the second prize.
4) Prices rose by several per cent.
5) He won the first prize in the lottery.
6) He only received a consolation prize.
7) You must prevent that at any price.
8) He received a book prize for his schoolwork.

45. JOURNEY – TOUR – TRIP – VOYAGE

1) Trips abroad have become very popular.
2) How long does the journey take by rail?
3) We wish you a good journey!
4) We are making a tour through Wales.
5) The discovery voyage took him through many countries.
6) Our ocean voyage passed peacefully.
7) He took a trip to Great Britain.
8) We made a four-week tour through Scotland.
9) He is planning a round-the-world trip.
10) The voyage to America took a week.
11) The oasis is a day's trip from here.
12) He went on a pleasure trip to Italy.
13) His business trip took him to several cities.
14) He did a lecture tour.
15) He enjoyed the round trip.

46. PRESCRIPTION – RECIPE

1) Do you have a good recipe for a Christmas cake?
2) The doctor gave him a prescription.
3) He got the cough-lozenges without a prescription.
4) There is no recipe against old age.
5) She had a large collection of recipes.
6) He tried to get the drugs without prescription.

47. SAY – TELL

1) What did he tell you?
2) Tell me your address, please!
3) He said that he was well.
4) Tell the truth!
5) Who said that?
6) I really can't say that.
7) He told him the result.
8) Who can say what will happen.
9) I can't say anything about that.
10) Can you tell me what the time is?
11) Tell him to go!
12) What can I say to that!
13) She told him where she lived.
14) I won't tell you that at any price.
15) What to you say to my suggestion?

48. DIFFICULT – HARD – HEAVY

1) His legs were as heavy as lead.
2) This problem was difficult to solve.
3) Germany's heavy industry is situated mainly on the Ruhr.
4) They were facing hard times.
5) Life was hard during the war.
6) Mathematics is a difficult subject for him.
7) I find it difficult to satisfy him.
8) He is a philosopher who is difficult to understand.
9) The team suffered a heavy defeat.
10) The weight was too heavy.
11) He had hard parents.
12) This question is too difficult.
13) The meal was heavy on his stomach.
14) The hard facts convinced him.
15) He heard heavy footsteps approaching.

49. FLOAT – SWIM

1) The debris floated on the water.
2) He swam a new world record.
3) The swimming competition lasted a week.
4) Does cork float or sink?
5) He swims like a fish in water.
6) Wood floats on the water.

50. LOOK – SEE

1) She looks tired today.
2) Your daughter looks pretty in her new coat.
3) Look around the corner, you'll see him there.
4) May I have a look at your books?
5) He simply can't look anybody in the eye.
6) It is so dark that I can hardly see anything.
7) He must go to the doctor's, he doesn't see well in his left eye.
8) I looked for her in the street, but I couldn't see her because of the mist.
9) Can't you see what's going on over there?
10) Do you see what I mean?
11) Please help me! – I'll see what I can do.
12) The stranger had to look up the map to find the town hall.

51. SEAT – SET – SIT

1) May I seat myself next to you?
2) Take a seat, please!
3) We can seat 300 persons in this hall.
4) Please set the lamp on that table over there.
5) Don't sit on the table!
6) Why haven't you seated yourselves yet?
7) Sit in that comfy armchair over there, please!
8) He set the little boy on his knees.
9) I can't find a seat, Mrs Jones. – Well, then you must sit on the floor.

52. SAVE – SPARE

1) He didn't spare time nor money to help him.
2) We must save more energy.
3) The savings bank closed at five o'clock.
4) He didn't spare any efforts.
5) He has already saved $ 50.
6) Save your words!
7) Save your visit! Write a letter instead!
8) Can you spare me ten minutes?

53. GAME – MATCH – PLAY

1) Chess is a nice but difficult game.
2) May we watch the football match?
3) The play of the English Company was fantastic.
4) How many plays will be shown this year?
5) I have to think of some outdoor games for Marc's birthday.
6) Do you really know enough games for the party?
7) This match at the weekend is the most important one of the whole baseball season.
8) The cricket players were rather sad after the lost match.
9) Everybody can do it, it's child's play.
10) Don't forget: fair play above all!
11) When will the next Olympic Games take place?
12) All agreed: this really was the match of the year.

54. ROB – STEAL

1) The burglar escaped in a car he had stolen.
2) Our clerk was robbed last weekend.
3) The thief robbed me of my new necklace.
4) Be careful, many things are stolen here.
5) The Smiths were robbed in their holidays.
6) £ 100,000 were stolen in the last bank raid.
7) Three burglars stole Mrs. Clark's jewels last night (robbed her of her jewels).

55. BEAR – CARRY – WEAR

1) We carried the sick man into the house.
2) The tree bore delicious fruit.
3) I carried my coat over my arm.
4) I didn't have to wear my pullover because it was very warm.
5) She cannot bear being laughed at.
6) The natives carry their children on their backs.
7) English policemen do not carry guns.
8) The patient could hardly bear the pain.
9) Is the ice thick enough to carry your weight?
10) He is wearing a terrible tie.
11) This suit has worn well.
12) You can't possibly carry this heavy box.
13) Her face bore signs of grief.
14) The roof could hardly carry the snow.

15) Her train was carried by two servants.
16) What a lovely coat you are wearing!
17) He wears his hair short.
18) The train carried the minister to the capital.
19) She carries her heart on the tip of her tongue!
20) The glasses you are wearing make you look older than you are.

56. REASONABLE – SENSIBLE

1) That's a sensible suggestion.
2) It's very sensible of you to come home.
3) Be reasonable, (sensible) and give in!
4) That's a reasonable price for such a valuable book.
5) He's very reasonable in his demands.
6) He was wearing sensible clothes.
7) Give me a reasonable excuse for your behaviour!
8) He is sensible enough to give you good advice.

57. DENY – REFUSE

1) He refused the offered help.
2) It's a pity that his parents have never denied him anything.
3) My uncle has always denied himself any luxury (comfort).
4) What shall we do, he refuses to make any statement.
5) She was so furious that she even refused to greet him.
6) The horse refused to jump for the third time.

7) She refused to let him interfere with her private affairs.
8) The little boy refused to tell us where he wanted to go.
9) Adolescents are refused admittance!
10) Why do you always deny me everything?

58. MANY – MUCH

1) Have you got many friends?
2) Many of the apples didn't ripen this year.
3) We haven't got much money left, I'm afraid, although there are still a lot of coins.
4) These coins are yours, you gave me too many.
5) Here are your pills. Do you really need so many?
6) She didn't catch much sleep last night.
7) How many pupils were absent today? – Three. – Well, that isn't many compared with yesterday.
8) I admire Dr. Jones. Much of what he says is right.
9) Please keep your money. You've already given me too much.
10) How much a kilo are the beans?
11) I haven't done my homework, I thought it was too much.
12) I really don't think much of his latest novel.

59. CHOOSE – ELECT – SELECT – VOTE

1) The pupils selected Huxley's "Brave New World" among many novels.
2) When will the next Parliament be elected?

3) Are you going to vote for Jones this time?
4) She was so happy that she was allowed to choose whatever she liked.
5) You have to be 18 to vote.
6) When was Kennedy elected President?
7) It is difficult to choose the right job.
8) Select one of these four dresses.
9) We want to select the new chairman from our midst.
10) Most of the young people voted for this new party.
11) In 1973 he was elected Chancellor for the first time.
12) What topic are you going to choose for your term paper?

60. FEW – A LITTLE – LITTLE

1) I'd like a little more wine, please.
2) You can't have any more, there's only little left.
3) Do you speak Spanish? – Yes, a little.
4) They came back a little while later.
5) Tom knows only little about Judy.
6) She has only few chocolates left.
7) May I have an apple? – No, there are so few, I can't give you one.
8) May I have some more bread? – No, then there'll be too little for tomorrow.
9) I understood only little of the new Coppala film, but my brother is among the few who did.
10) She complains of having too little time to amuse herself.
11) It's a little known fact that they've been married for so long.

61. FEWER – LESS

1) He couldn't be less interested in politics.
2) You couldn't have helped me less, could you?
3) If only she made fewer mistakes!
4) Today three houses fewer than yesterday are offered.
5) It's quite clear: less efficiency, less money.
6) Is X going to get more votes? – No, fewer I'm afraid.
7) What about drinking less, old friend?
8) Fewer and fewer pupils choose Latin.
9) If only they gossipped less!
10) Do you really think that the pupils are less polite nowadays?
11) There aren't fewer than thirty pupils in any form.

62. BECOME – GET – GROW – TURN

1) The milk turned sour.
2) Now it's getting dark earlier.
3) She turned red with embarrassment.
4) After the accident he became blind.
5) He has become a nice chap.
6) Everybody grows old, nobody grows younger!
7) The dog became his best friend.
8) His dog grew old.
9) He became tired of his work.
10) Her hair is slowly turning grey.

11) He became furious.
12) In autumn the trees become bare.
13) The water turned to ice.
14) His love for her grew constantly.
15) He turned (grew, became) pale, when he received the news.

63. LIKE – WANT

1) What do you like more: reading or watching TV? – Well, today I'd like to watch the new film on TV.
2) Do you like ice-cream? – Yes, I do, but now I don't want any!
3) I want him to come tomorrow at four.
4) What do you want to do next (would you like to do)?
5) I want some apples, please!
6) Her mother wants her to stay.
7) Most of all Paul would like to ride his bike every day.
8) What do you want to do next Saturday?
9) I don't like sitting in dark rooms.
10) David's father wanted him to apologize immediately.

Wörterverzeichnis

achieve	20, 83
actual	9, 77
alien	26, 87
all	27, 87
alter	8, 76
ancient	10, 77
another	7, 76
antique	10, 77
any	16, 80
bank	11, 78
bear	66, 107
become	74, 111
bench	11, 78
big	33, 90
blunder	23, 85
boil	38, 93
borrow	47, 97
bring	15, 80
canal	37, 93
carry	66, 107
cause	35, 91
centre	52, 100
change	8, 76
channel	37, 93
choose	71, 109
company	29, 88
cook	38, 93
country	41, 94
criticism	40, 94
current	9, 77
custom	30, 89
defect	23, 85
deny	69, 108
different	7, 76
difficult	59, 104
do	50, 99
drive	21, 83
easy	46, 97
elect	71, 109
entire	27, 87
error	23, 85
false	22, 84
fault	23, 85
few	72, 110
fewer	73, 111
finished	25, 86
float	60, 104
foreign	26, 87
game	64, 106
get	74, 111
give	43, 95
glance	12, 78
go	21, 28, 83, 88
grand	33, 90
great	33, 90
ground	35, 91
grow	74, 111
habit	30, 89
happy	32, 90
hard	59, 104
hear	36, 92
heavy	59, 104
historic	31, 89
historical	31, 89
huge	33, 90
ill	39, 94
journey	56, 102
land	41, 94
landscape	42, 95
large	33, 90
last	49, 98
latest	49, 98
lay	44, 96
leave	43, 95
lend	47, 97
less	73, 111
let	43, 95
lie	44, 96

light	46, 97	rob	65, 107
like	75, 112	sail	21, 83
listen	36, 92	save	63, 106
little	72, 110	say	58, 103
look	61, 105	scenery	42, 95
lucky	32, 90	seat	62, 105
make	50, 99	see	61, 105
many	70, 109	select	71, 109
match	64, 106	sensible	68, 108
mistake	23, 85	set	62, 105
middle	52, 100	sick	39, 94
modify	8, 76	single	17, 81
motive	35, 91	sit	62, 105
much	70, 109	society	29, 88
need	14, 79	sole	17, 81
notice	12, 78	some	16, 80
observe	12, 78	spare	63, 106
old	10, 77	stay	13, 79
only	17, 81	steal	65, 107
party	29, 88	still	53, 100
perceive	12, 78	strange	26, 87
play	64, 106	swim	60, 104
policy	54, 101	take	15, 80
politics	54, 101	tall	33, 90
price	55, 102	tell	58, 103
prize	55, 102	topical	9, 77
presription	57, 103	total	27, 87
quite	27, 87	tour	56, 102
raise	17, 81	travel	21, 83
reach	20, 83	trip	56, 102
ready	25, 86	turn	74, 111
reason	35, 91	use	14, 79
reasonable	68, 108	vast	33, 90
recipe	57, 103	vote	71, 109
refuse	69, 108	voyage	56, 102
remain	13, 79	walk	28, 88
remember	19, 82	want	75, 112
remind	19, 82	wear	66, 107
review	40, 94	whole	27, 87
ride	21, 83	wrong	22, 84
rise	17, 81	yet	53, 100

BANGES UNTERRICHTSHILFEN ENGLISCH

Englische Diktatstoffe Unter- und Mittelstufe von Karl Brinkmann
Beginnend mit einfachsten Texten und Erklärungen wird hier der Benutzer des Bandes mit der englischen Grammatik, Wortlehre und Rechtschreibung vertraut gemacht. Die Texte geben Hinweise auf die Vorbereitung zur Nacherzählung und sind gestaffelt nach Schwierigkeiten und Themengruppen. Worterklärungen und Übungen zur Selbstkontrolle runden den Band ab.

Englische Diktatstoffe Oberstufe von Karl Brinkmann
Die einzelnen Texte des Bandes sind kleine Ausschnitte aus umfangreicheren Gesamtwerken, doch als jeweils eine in sich geschlossene Einheit. Sie geben somit Auskunft über stilistische Eigenheiten von Autoren und führen den fortgeschrittenen Englischlernenden in die englische Umgangssprache ein. Literarische, historische oder kulturkundliche Kenntnisse werden mit diesen Texten erweitert, so daß Nacherzählungen anhand der vorliegenden Beispiele sich anbieten. Ein Buch zur Festigung und Wiederholung von Rechtschreibung und Grammatik. Zur Nachhilfe, Kontrolle und Selbstbeschäftigung.

Deutsch-englische Übersetzungsübungen von Jürgen Meyer
Texte für Fortgeschrittene, die ihre Kenntnisse in Wortanwendung und Grammatik erweitern und überprüfen wollen.
Zu den zeitgemäßen deutschen Texten wurden die Vokabeln und deren Anwendungsmöglichkeiten gegeben und erklärt.
Im Lösungsteil die englischen Texte zur Kontrolle.

Übungstexte zur englischen Grammatik von Jürgen Meyer
9.–13. Klasse
Das vorliegende Buch wendet sich an Schüler, die bereits über einige grammatische Kenntnisse verfügen und sie festigen und vertiefen wollen. Der Band enthält vielfältiges und verschiedenartiges Übungsmaterial zu allgemein interessierenden aktuellen Fragen, u. a. Sachtexte zu Personen, wissenschaftlichen Entdeckungen und zeitgeschichtlichen Ereignissen, die über das heutige Großbritannien und die USA informieren. Diskussionsverschläge und ein sorgfältig aufbereiteter Schlüssel bieten zusätzliche Unterrichtshilfen. Das Buch ist somit für Gruppenarbeit als auch für das Selbststudium gut geeignet.

Englische Nacherzählungen der siebziger Jahre von Edgar Neis
Im vorliegenden Band findet der Übende Texte, welche im heutigen Schulunterricht bevorzugt benutzt werden. Diese unterscheiden sich gegenüber früheren Nacherzählungen durch gesteigerte Aktualität und Zeitnähe. Somit geben die hier abgedruckten Texte Einblick in das England der Gegenwart und vermitteln neben der Fertigkeit in dem Verfassen von Nacherzählungen eine Fülle von Allgemeinwissen.

Wie schreibe ich gute englische Nacherzählungen? von Edgar Neis
Langjährige, im gymnasialen Englischunterricht auf der Mittel- und Oberstufe, sowie bei zahlreichen Abiturprüfungen gewonnene Erfahrungen, haben zur Herausgabe dieses Buches geführt.
Es soll den Lernenden, die englische Nacherzählungen schreiben müssen, ein Hilfsmittel bei der Bewältigung ihrer Aufgabe sein und ihnen den Weg zu besseren Leistungen ebnen helfen.

Übungen zur englischen Herübersetzung von Edgar Neis
Das Übungsbuch richtet sich an den Schüler, der ohne Hilfe eines anderen selbständig die Fertigkeit des Übersetzens aus dem Englischen erlernen will. 38 Texte aus Literatur und Sachschrifttum, jeweils mit Vokabelangaben versehen, kann der Übende ins Deutsche übertragen und anhand des Lösungsteils auf seine Richtigkeit hin überprüfen. Im Lösungsteil findet er die Übersetzungen der Texte.

Englische Nacherzählungen Unter- und Mittelstufe von Reiner Poppe
Der Band enthält 62 Texte unterschiedlicher Länge und Schwierigkeit. Den Texten zur engl. und amerik. Geschichte sowie zu aktuellen Gegebenheiten sind method. Anleitungen für die mögliche Behandlung vorangestellt. Es ist hier besonders an den Selbst- oder Nachhilfeunterricht gedacht. Auf Transfermöglichkeiten ist hingewiesen. Besonderer Wert wurde auf die Hinführung zu pragmatischer Rekonstruktion („précis") der Texte gelegt. Vokabelhilfen und Kurzhinweise zu Leben/Werk herausragender, in den Texten vorkommender Persönlichkeiten runden den Band ab. Empfohlen für Orientierungsstufe und Sekundarstufe 1.

BANGES UNTERRICHTSHILFEN FRANZÖSISCH

Französischunterricht in der Sekundarstufe II von Klaus Bahners
(Kollegstufe) Texte – Analysen – Methoden
Dieses Buch wendet sich an alle, die jetzt oder künftig auf der neugestalteten Oberstufe (Sekundarstufe II) Französischunterricht erteilen; vor allem an jüngere Kollegen und Referendare. Schließlich gibt „Französischunterricht in der Sekundarstufe II" auch Schülern der reformierten Oberstufe wertvolle Hinweise für den selbständigen Zugang zur Interpretation französischer Texte.

Französische Texte zur Vorbereitung auf die Reifeprüfung
von Paul Kämpchen
Eine der Prüfungsarten – die Nacherzählung – soll hier dem Anwärter zur Prüfung nahegebracht werden. Kurze und lange Nacherzähltexte mit Worterklärungen stehen hier als Übungstexte zur Verfügung.

Textes d'étude von Alfred Möslein/Monique Sickermann-Bernhard
25 erzählende Texte aus der neueren französischen Literatur als Vorlagen für Nacherzählungen und Textausgaben. Durch unterschiedliche Längen und Schwierigkeitsgrade, sowie durch breitgefächerte Thematik eignen sich diese Texte als Lektüre und Ausgangspunkt für Diskussionen im Unterricht.

Übungsbuch zur französischen Präposition von Werner Reinhard
Das Übungsbuch gibt zunächst in einem lexikalischen Teil einen Überblick über die Anwendungen der wichtigsten Präpositionen. Auch die Präpositionen als Bindeglied zwischen Verb und Objekt bzw. Infinitiv (vor allem à und de) wird berücksichtigt. Listen erleichtern dabei systematisches Lernen. Breit einsetzbar im Unterricht der Sekundarstufen.

Französische Diktatstoffe Unter- und Mittelstufe von Werner Reinhard
1./2. Unterrichtsjahr, sowie 3./4. Unterrichtsjahr
Das Übungsbuch enthält 100 Diktate. Die nach dem Schwierigkeitsgrad geordneten Texte sind überwiegend Erzählungen und Berichte von Begebenheiten des täglichen Lebens, wobei unbekannte Vokabeln beigegeben sind.

Französische Diktatstoffe Oberstufe/Sekundarstufe II von Werner Reinhard
66 Texte, die überwiegend aus der Literatur entnommen sind, gliedern diesen Band in verschiedene Unterabschnitte. Diese reichen La Bruyère bis Butor.
Außerdem bietet er 12 Diktate zur Wortschatzerweiterung, die jeweils von einem Begriff ausgehen und das Wortfeld um diesen Begriff herum erschließen.
Verschiedene Texte größeren Umfanges können auch als Grundlage für die Übung der Textanalyse und der Nacherzählung verwendet werden.

Übungstexte zur französischen Grammatik von Werner Reinhard
9.–13. Klasse
„Übungstexte zur französischen Grammatik" wendet sich an Lernende, die bereits einige grammatische Kenntnisse haben, sie jedoch festigen und vertiefen wollen. Es eignet sich aufgrund umfangreicher Vokabelangaben sowie des ausführlichen Lösungsteils zum Selbststudium und vermag bei Schülern ab Klasse 9 Nachhilfeunterricht zu ersetzen.

Übungen zur französischen Herübersetzung von Werner Reinhard
40 franz. Texte aus Literatur und Sachschrifttum, jeweils mit Vokabelangaben versehen, kann der Lernende ins Deutsche übertragen und anschließend, anhand des Lösungsteiles, seine Fassungen auf ihre Richtigkeit hin überprüfen. Im Lösungsteil findet er die deutschen Übersetzungen der Texte.

Der sichere Weg zur guten französischen Nacherzählung
v. Chr. u. G. Sautermeister
– Zur Methodik des Hörens und Schreibens im Französischunterricht –
Wer einen französischen Text gut nacherzählen will, muß ihn zuerst verstanden haben – und dazu bedarf es eines geschulten Gehörs. Der erste Teil des Buches will auf die Bedingungen richtigen Hörens aufmerksam machen und Wege zum besseren Hören skizzieren. Der zweite Teil gibt Anregungen, die Grundrisse des Textes, der Gelenkstellen, Höhepunkte, Pointen nochmals zu vergegenwärtigen. Spezifische Formulierungsprobleme der Nacherzählung entfaltet der dritte Teil.

Bange Lernhilfen

in Ihrer Buchhandlung vorrätig

- Chemie
- Deutsch
- Englisch
- Französisch
- Geschichte
- Latein
- Mathematik
- Philosophie
- Physik

Gesamtverzeichnis

CHEMIE

Th. Bokorny
Chemie-Gerüst
Wegweiser und Ratgeber für Schüler und Abiturienten. 13., überarb. Auflage
128 Seiten   **Bestell-Nr. 0674–2**
Dieses kurze in Tabellenform abgefaßte Vademecum der Chemie soll kein Lehrbuch oder Lexikon sein, sondern die großen Linien und wissenswerten Teile der modernen Chemie übersichtlich klar und einprägsam veranschaulichen und in Erinnerung bringen.

DEUTSCH

Christian Floto
Basisinterpretationen für den Literatur- und Deutschunterricht I
– Ausgewählte Stücke und Prosa von Shakespeare bis Ionesco –
96 Seiten 2. Auflage   **Bestell-Nr. 0589–4**
Nach einer kurzen Skizzierung der Literaturepoche werden anhand häufig gelesener Stücke Basisinterpretationen gegeben. Alle Beispiele entstanden im Unterricht der Sekundarstufen.
Folgende Stücke werden u. a. behandelt:
Shakespeare, Hamlet – Lessing, Nathan – Schiller, Wallenstein – Goethe, Iphigenie – Kleist, Marquise von O/Die Verlobung . . . – Fontane, Effi Briest – Dostojewski, Der Spieler – Hauptmann, Rose Bernd – Mann, Tonio Kröger – Döblin, Berlin Alexanderplatz – Kafka, Der Prozeß – Brecht, Sezuan – Kipphardt, Oppenheimer – Frisch, Homo Faber – Frisch, Biedermann u. Br. – Ionesco, Die Stühle.

Christian Floto
Basisinterpretationen für den Literatur- und Deutschunterricht II
– Ausgewählte Stücke und Prosa „moderner" Autoren in der ersten Hälfte des 19. Jahrhunderts. –
108 Seiten   **Bestell-Nr. 0593-2**
Literaturgeschichtlicher Abriß, Biographische Stationen, Aufbauprinzipien von Novelle und Drama; problemorientierte Bezüge zur modernen sozialpsychologischen Lebenssituation. Folgende Stücke werden u. a. behandelt:
Büchner, Woyzeck – Grabbe, Scherz, Satire, Ironie . . ., Kleist, Der zerbrochene Krug/Prinz von Homburg/Michael Kohlhaas/Erdbeben in Chili.

Bernd Matzkowski
Basisinterpretationen für den Literatur- und Deutschunterricht III
Untersuchungen und didaktische Hinweise zum Volksbuch Till Eulenspiegel.
Hinweise auf den Schelmenroman.
80 Seiten, kart.   **Bestell-Nr. 0598–3**
Sachanalyse – Ausgewählte Historien – Motivquerverbindungen zu Schelmenromanen des 16. und 17. Jahrhunderts – Vorschläge für die Behandlung im Unterricht u. a.

Bernd Matzkowski / Ernst Sott
Basisinterpretationen für den Literatur- und Deutschunterricht IV
36 moderne deutsche Kurzgeschichten mit Arbeitsfragen.
112 Seiten, kart.   **Bestell-Nr. 0599-**
Interpretation der Kurzgeschichten mit Arbeitsfrage zu
ARBEITSTEXTE FÜR DEN UNTERRICHT (Reclam)
Deutsche Kurzgeschichten 11.–13. Schuljahr
und Pratz/Thiel:
NEUE DEUTSCHE KURZGESCHICHTEN (Diesterweg)

Karin Cohrs / Martin H. Ludwig
Basisinterpretationen für den Literatur- und Deutschunterricht V
Romane und Novellen des 19. Jahrhunderts
120 Seiten, kart.   **Bestell-Nr. 0631–**
Aus dem Inhalt:
Einleitung, Politik und Kultur des 19. Jahrhunderts
Interpretationen ausgewählter Romane und Novellen.
Kurzbiographie des Dichters – Entstehung des Werkes – Inhalt – Charaktere – Situationen – Erschließung des Textes (stilistische Besonderheiten, literaturhistorischer Rahmen, gesellschaftliche und politische Bezüge usw.), Arbeitsfragen.
Hoffmann, Das Fräulein von Scuderi – Kleist, Das Erdbeben in Chili – Mörike, Maler Nolten – Gotthelf, Wie Uli der Knecht glücklich wird – Storm, Immensee – Droste-Hülshoff, Die Judenbuche – Raabe, Die Akten des Vogelgesangs – Fontane, Der Stechlin – Eichendorff, Aus dem Leben eines Taugenichts – Keller, Die drei gerechten Kammacher – Storm, Hans und Heinz Kirch – Raabe, Die schwarze Galeere Fontane, Schach von Wuthenow – Hauptmann, Bahnwärter Thiel.

Rüdiger Giese / Christian Floto
Basisinterpretationen für den Literatur- und Deutschunterricht V
Romane und Novellen aus dem 20. Jahrhundert
112 Seiten, Kart.   **Bestell-Nr. 047**
Schnitzler, Leutnant Gustl – Mann, Tod in Venedig Kafka, Die Verwandlung – Hesse, Der Steppenwolf Kästner, Fabian – Mann, Mephisto – Zweig, Schachnovelle – Böll, Haus ohne Hüter – Wolf, Der geteil Himmel – Kempowski, Tadellöser und Wolff

Bausteine – Deutsch
stellt detaillierte Unterrichtsstunden zur Behandlu unterschiedlichster Texte für die Sekundarstufen und II vor.
Anordnung der Stunden als Sequenzen – Texte u Textanalysen – Didaktisch-methodische Arbeitsh weise – praktisch zu handhaben.
Angesprochen sind Lehrer und Lehramtsanwärter ler Schulformen.
Autoren sind: Praktiker – Ausbilder – Fachwisse schaftler aus allen Schulformen.

Bausteine Lyrik I
Spiel mit Sprache / Lyrischer Humor / Konkrete Poes
160 Seiten, kart.   **Bestell-Nr. 0650-**

Bausteine Lyrik II
Ballade / Modernes Erzählgedicht / Chanson / Politische Lyrik / Thema- und Motivverwandtschaft
64 Seiten, kart.   **Bestell-Nr. 0651–3**

Gerhart Hauptmann: Die Weber
Bestell-Nr. 652

Max Frisch: Homo Faber
Bestell-Nr. 653

Theodor Storm: Pole Poppenspäler
Bestell-Nr. 654

Albert Camus: Die Pest
Bestell-Nr. 655

George Orwell: 1984 / Animal Farm
Bestell-Nr. 656

Thomas Mann: Tonio Kröger
Bestell-Nr. 657

Goethe-Plenzdorf: Werther
Bestell-Nr. 658

Storm: Der Schimmelreiter
Bestell-Nr. 659

Lessing: Nathan der Weise
Bestell-Nr. 660

Dürrenmatt: Der Richter und sein Henker
Bestell-Nr. 661

Goethe: Faust I/II
Bestell-Nr. 662

Eichendorff: Taugenichts
Bestell-Nr. 663

Hesse: Der Steppenwolf
Bestell-Nr. 664

Franz Kafka: Kurze Prosaformen
Bestell-Nr. 665

Joh. Wolfg. von Goethe: Iphigenie auf Tauris
Bestell-Nr. 666

Dichtung in Theorie und Praxis
Texte für den Unterricht

Jeder Band ist – wie der Reihentitel bereits aussagt – in die Teile Theorie und Praxis gegliedert; darüber hinaus werden jeweils zahlreiche Texte geboten, die den Gliederungsstellen zugeordnet sind. Ein Teil Arbeitsanweisungen schließt sich an, der entweder Leitfragen für die einzelnen Abschnitte oder übergeordnete oder beides bringt.

Bestell-Nr.
650 Die Lyrik
651 Die Ballade
652 Das Drama
653 Kriminalliteratur
654 Die Novelle
655 Der Roman
656 Kurzprosa (Kurzgeschichte, Kalendergeschichte / Skizze / Anekdote)
657 Die Fabel
658 Der Gebrauchstext
659 Das Hörspiel
660 Trivialliteratur
661 Die Parabel
662 Die politische Rede
663 Deutsche Lustspiele und Komödien

Weitere Bände in Vorbereitung

Egon Ecker
Wie interpretiere ich Novellen und Romane?
Methoden und Beispiele
180 Seiten   **Bestell-Nr. 0632–7**

Notizen zur Betrachtung eines dichterischen Textes – Zur Technik der Interpretation.
Beispiele:
Keller, Drei gerechte Kammacher
Novellen:
Büchner, Lenz – Storm, Schimmelreiter – Andres, Die Vermummten
Romane:
Mann, Königl. Hoheit – Frisch, Homo Faber – Andres, Knabe im Brunnen – Andersch, Sansibar.
Zur Theorie der Novelle – Zur Theorie des Romans – Gliederungsvorschläge – Themenvorschläge – Literaturverzeichnis.

Egon Ecker
Aufsatz mit Grammatik
3./4. Jahrgangsstufe
mit zahlreichen Abbildungen
88 Seiten   **Bestell-Nr. 0578–9**

Für die vorbereitenden Übungen auf den Besuch von weiterführenden Schulen soll den Schülern und deren Eltern hier ein Hilfsmittel gegeben werden, welches den neuesten Erfordernissen gerecht wird.
Inhalt: Bericht – Schilderung – Beschreibung – Erzählung – Wortfamilien und Wortfelder – Lösungsvorschläge u. v. a.

Egon Ecker
Rechtschreibung und Diktate
3./4. Jahrgangsstufe
2. Auflage, 112 Seiten   **Bestell-Nr. 0579–7**

Als Band für die Vorbereitung des Übertritts in andere Schularten gibt der Autor ein Hilfsmittel zur richtigen Schreibweise und Anwendung der deutschen Sprache.
Inhalt: Groß- und Kleinschreibung – Gleich und ähnlich klingende Laute – Dehnung – Schärfung – Silbentrennung – Sprachlehre – Satzmodelle – Diktatstoffe – Lösungen u. v. a.

Epochen deutscher Literatur
Kurzgefaßte Abhandlungen für den Deutschunterricht an weiterführenden Schulen.
Bestell-Nr. 0480
Die deutsche Romantik I
Frühromantik
Bestell-Nr. 0481
Realismus des 19. u. 20. Jahrhunderts
Bestell-Nr. 0482
Impressionismus und Expressionismus
Bestell-Nr. 0483
Sturm und Drang
Bestell-Nr. 0484
Die deutsche Romantik II
Spätromantik
Bestell-Nr. 0485
Die deutsche Klassik

Gerd Eversberg
Wie verfasse ich ein Referat?
Hinweise für die Informationsbeschaffung und -verarbeitung für den Literaturunterricht.
2. Auflage, 116 Seiten   Bestell-Nr. 0582–7
Dieser Band soll den Schülern transparentes Arbeiten lehren. Das Themenbeispiel orientiert sich an der Schulpraxis und wurde auch erfolgreich erprobt.
Inhalt: Bibliographieren – Zitieren – Materialsammlungen – Bibliotheksbenutzung – Entleihen – Fernleihverkehr – Verlagskataloge und Buchhandlung – Manuskriptgestaltung – Referieren – Diskutieren.

Gerd Eversberg
Deutsch – Sekundarstufe II Kollegstufe
Diese neue Reihe bietet Schülern der gymnasialen Oberstufe Arbeitshilfen für die selbständige Erweiterung ihrer Fähigkeiten in den Lernbereichen Umgang mit Texten, mündliche und schriftliche Kommunikation sowie Reflexionen über Sprache.
An die Stelle des traditionellen Aufsatzunterrichts früherer Jahre tritt heute eine Fülle schriftlicher und mündlicher Äußerungen, die auf die Fähigkeit der Schüler zielen, sich erfolgreich in sämtlichen Bereichen der deutschen Sprache auszukennen.
Die vorliegenden Themen orientieren sich an den Anforderungen, die in den Richtlinien der verschiedenen Bundesländer zur Ausbildung im Fach Deutsch formuliert werden.

Textanalyse 1
Umgang mit fiktionalen (literarischen) Texten
152 Seiten   Bestell-Nr. 0641–6
Aus dem Inhalt:
I. Der Begriff des fiktionalen Textes: Das „Ästhetische" der Literatur – Betrachtungsweisen von Literatur – Literarische Wertung.
II. Probleme der Interpretation: Der Prozeß des „Verstehens" – Methoden der Literaturinterpretation – Arbeitstechniken (Textwiedergabe / Texterarbeitung / Texterörterung).
III. Beispiele für Interpretationen: Epische Texte – Dramatische Texte – Gedichte.
IV. Massenliteratur.

Textanalyse 2
Umgang mit nichtfiktionalen (Gebrauchs-)Texten
144 Seiten   Bestell-Nr. 0642–4
Aus dem Inhalt:
I. Der Textbegriff.
II. Eine Typologie von Gebrauchstexten.
III. Bedingungen der Textanalyse.
IV. Methoden der Textanalyse: Textwiedergabe – Textbeschreibung – Texterörterung.
V. Beispiele für Textanalysen: Darstellende Texte (Sachtexte/Wissenschaftliche Texte) – Werbende Texte (Werbetexte/Politische Reden) – Gesetzestexte.

Gebrauchstextanalysen
– Methoden und Beispiele –
2. Auflage, 80 Seiten   Bestell-Nr. 0588–
Herausgegeben von einem Arbeitskreis der Pädagogischen Akademie Zams.
Aus dem Inhalt:
I. Warum Textuntersuchung? Begriffserklärungen.
II. Textanalyse – Textkritik
Vorgestellt werden nur drei Möglichkeiten einer Analyse:
a) Kommunikationstheoretischer Aspekt
b) stilistischer Aspekt
c) soziologischer Aspekt
III. Gebrauchstexte verschiedener Art, die auf o. Aspekte hin untersucht, bzw. kritisiert wurden.
Ordnung der Texte nach Themenkreisen:
Werbetexte – Ferienprospekte – Kinoprogramme Diverse Jugendzeitschriften (Bravo u. a.) – Illustrier und Frauenzeitschriften (Frau im Spiegel u. a.) – Schullesebücher – Geschichtsbücher – Tagesb richterstattung: Politische Beiträge/kulturelle Beiträge – Literarische Texte.

Deutsch auf der neugestalteten gymnasialen Oberstufe
Ein erfahrener Praktiker legt mit dieser Buchreih Unterrichtshilfen für Schüler und Lehrer der Grund und Leistungskurse vor.

Robert Hippe
Mündliche und schriftliche Kommunikation
2. Aufl., 104 Seiten   Bestell-Nr. 0563–
Sprache – Sprache und Verständigung
Grundbegriffe der Kommunikation – Die drei Dimensionen des Zeichens – Verschiedene Arten von Zeichen – Sprache und Norm
Die Rede – Formen der Rede – Rhetorische Figure – Analyse vorgegebener Reden – Redeanleitungen -analysen und -sammlungen – Der Weg zur eigene Rede – Exkurs 1: Kodierungsebenen – Exkurs 2: Di Sprache der Werbung als appellative Rede
Das Referat – Verfahrensschritte – Beurteilungskrit rien – Geeignete Stoffe zur Auswahl
Die Diskussion – Analyse einer vorgegebenen Di kussion – Hinweise auf Vorbereitung, Durchführun und Zielsetzung einer Diskussion – Der Diskussion beitrag im sogenannten „Fünfsatz" – Die Debatte Bericht(erstattung), Kolloquium, Vorlesung
Das Protokoll – Die Arten des Protokolls – Kriterie für die Beurteilung von Stundenprotokollen – Anal se von Protokollen
Die Inhaltsangabe – Merksätze zur Abfassung – Ve fahrensschritte – Analyse von Inhaltsangaben – G eignete Stoffe zur Auswahl
Die Erörterung – Merksätze zur Abfassung – Analys von Erörterungen – Geeignete Stoffe zur Auswahl.

Robert Hippe
Umgang mit Literatur
2. Auflage, 116 Seiten   Bestell-Nr. 0564–
Definition von Literatur – Grundformen von Literatu – Merkmale der Lyrik – Merkmale der Epik – Merkma le der Dramatik – Formprobleme der Literatur – Au bauprobleme in der Literatur – Arten der Interpreta tion – Was ist Interpretation – Literatur und Wirklich keit u. v. a.

Robert Hippe
Sprach- und Textbetrachtungen
32 Seiten Bestell-Nr. 0569—X

Sprachbetrachtung

Historisch – Theorien über die Entstehung der Sprache(n) – Die indogermanische (idg.) Sprachfamilie – Die geschichtliche Entwicklung des Hochdeutschen – Lehn- und Fremdwörter – Sprachrätsel und Sprachspiele – Auswahl-Bibliographie.

Systematisch – Grammatik – Die traditionelle Grammatik – Die generative Transformationsgrammatik – Die strukturelle Grammatik.

Textbetrachtung

Allgemeines – Definition von Text – Textsorten – Beispiele – Übungen – Auflösung der Rätsel.

Robert Hippe
Textanalysen
mit Aufgaben und Übungen
. Aufl., 120 Seiten Bestell-Nr. 0586—X

Einleitung: Über Text, Textbeschreibung und Textanalyse

Fiktionale (literarische) Texte

Lyrik
Barock, Sturm und Drang, Klassik, Romantik, Realismus, Expressionismus, Hofmannsthal und Rilke, Lyrik nach 1945, Motivgleiche Gedichte). Jeweils an Beispielen erklärt.

Epik
Roman, Novelle, Märchen, Fabel, Kurzgeschichte, Sonderform des Essays)

Dramatik

. Unterhaltungs- und Trivialliteratur

II. Nicht-fiktionale (nicht literarische) Texte

Werbetexte – Gesetzestexte – Kochrezepte – Redetext (rhetorischer Text)

Robert Hippe
Der deutsche Aufsatz auf der neugestalteten gymnasialen Oberstufe
Anleitungen – Ausarbeitungen – Gliederungen. Hinweise und Themenvorschläge, Methoden und Beispiele.
160 Seiten Bestell-Nr. 0592—4

Vom Besinnungs-Problemaufsatz über die Facharbeit zum literarischen Aufsatz beinhaltet der Band Themenkreise wie Textanalysen, Erörterung, Referat, Inhaltsangaben und Hinweise zur Arbeitstechnik. Viele Beispiele aus verschiedenen Themenkreisen runden das Buch ab.
Für Lehrer und Schüler zur Unterrichtsvorbereitung ein nützliches Hilfsmittel.

Robert Hippe
Kurzgefaßte deutsche Grammatik und Zeichensetzung
. Auflage, 72 Seiten Bestell-Nr. 0515—0

Ein Abriß der deutschen Grammatik systematisch und fundamental dargeboten; beginnend mit den Wortarten, Betrachtung der Satzteile und Nebensätze bis zu den Satzzeichen, Beispiele durchsetzen das Ganze, und Lösungen sollen Fehler auffinden helfen.
Ein nützliches in Tausenden von Exemplaren bewährtes Übungs- und Nachhilfebuch.

Robert Hippe
Interpretationen zu 62 ausgewählten motivgleichen Gedichten
mit vollständigen Gedichtstexten
5. Auflage, 102 Seiten Bestell-Nr. 0587—7

Der Verfasser hat die wiedergegebenen Interpretationen und Auslegungen in langen Gesprächen und Diskussionen mit Oberprimanern erarbeitet. Die hier angebotenen Deutungsversuche erheben keinen Anspruch auf die einzig möglichen oder richtigen, sondern sollen Ausgangspunkte für Weiterentwicklungen und Erarbeitungen sein.

Aus dem Inhalt: Themen wie Frühling – Herbst – Abend und Nacht – Brunnen – Liebe – Tod – Dichtung u. v. a.

Robert Hippe
Interpretationen zu 50 modernen Gedichten
mit vollständigen Gedichtstexten
3. Auflage, 136 Seiten Bestell-Nr. 0597—5

Der vorliegende Band verspricht Interpretationshilfe und Deutungsversuche – in unterschiedlicher Dichte und Ausführlichkeit – für 50 moderne Gedichte. Materialien und Auswahlbibliographie geben dem Interessenten Hilfen für den Deutsch- und Literaturunterricht. Für den Lehrer eine echte Bereicherung zur Vorbereitung des Unterrichts.

Aus dem Inhalt: Lasker-Schüler – Hesse – Carossa – Benn – Britting – Brecht – Eich – Kaschnitz – Huchel – Kästner – Bachmann – Piontek – Celan – Härtling – Reinig – Grass – Enzensberger u. v. a.

Robert Hippe
Der Oberstufenaufsatz
7. Auflage, 128 Seiten Bestell-Nr. 0583—5

Merksätze für das Abfassen von Oberstufen-Aufsätzen.
Der Besinnungs- oder Problemaufsatz, Charakteristik, Stimmungsbild, Facharbeit, Überlegung zur Themenkritik. Dazu jeweils Lösungsschlüssel.
Versuch eines systematischen Aufrisses der Aufsatzarten und Varianten.
Anhand von Schüleraufsätzen werden deren Vorzüge und Schwächen aufgezeigt.

Robert Hippe
Kurzgefaßte deutsche Rechtschreiblehre
64 Seiten Bestell-Nr. 0545—2

Im ersten Teil dieses Buches findet man die wichtigsten Regeln der deutschen Rechtschreibung.
Der zweite Teil besteht aus 36 Übungstexten zu diesen Regeln zum Erlernen, Einprägen und Wiederholen. Die Lösungen am Schluß des Bandes dienen zur Kontrolle.

Robert Hippe
Der Unter- und der Mittelstufenaufsatz
6. Auflage, 84 Seiten **Bestell-Nr. 0519–3**

Anleitungen – Ausarbeitungen – Gliederungen – Themenvorschläge u. v. a.
jeweils mit Lösungsschlüssel

A. Unterstufe
Erlebnisschilderung oder -erzählung
Vorgangsschilderung oder -erzählung
Die Nacherzählung, die Erklärung oder Arbeitsanweisung, Vorgangsbericht oder Beschreibung, Inhaltsangabe

B. Mittelstufe
Die Schilderung, Stimmungsbild, Charakteristik, Bericht und Inhaltsangabe, sachliches Schreiben, Facharbeit, Erörterung u. a.

Interpretationen motivgleicher Gedichte in Themengruppen
mit vollständigen Gedichtstexten

Band 1: Edgar Neis
Der Mond in der deutschen Lyrik
80 Seiten **Bestell-Nr. 0620–3**

Arp – Bischoff – Borchert – Boretto – Britting – Brokkes – Bürger – Claudius – Däubler – Droste-Hülshoff – Geibel – Gleim – Goethe – Härtling – Heine – Holz – Klopstock – Krähenbühl – Krolow – Lange – Lehmann – Leonhard – Lichtenstein – zur Linde – Maurer – Morgenstern – Rasche – Rühmkorf – v. Stollberg – Trakl – v. d. Vring – Werfel – Wiens.

Band 2: Edgar Neis
Politische-soziale Zeitgedichte
2. Auflage, 112 Seiten **Bestell-Nr. 0621–1**

Bachmann – Biermann – Brecht – Bürger – Celan – Dehmel – Domin – Enzensberger – Le Fort – Freiligrath – Gryphius – Hädecke – Hagelstange – Heine – Herwegh – Keller – Kerr – Logau – Marti – Platen – Sabias – Salis – Schenkendorf – Schiller – Schreiber – Schubart – Tucholsky – W. v. d. Vogelweide – Weitbrecht – Wildenbruch.

Band 3: Edgar Neis
Der Krieg im deutschen Gedicht
2. Auflage, 112 Seiten **Bestell-Nr. 0622–X**

Bender – Benn – Biermann – Binding – Brambach – Brecht – Claudius – Dehmel – Eich – Flex – Le Fort – Fried – Gleim – Goethe – Hakel – Heise – Heym – Hölderlin – Höllerer – Huchel – Jahn – Jean Paul – Kaschnitz – Kästner – Körner – Leip – Lersch – Leonhard – Liliencron – Logau – Menzel – Mosen – Mühsam – Münchhausen – Neumann – Nick – W. Paul – Sachs – Schiller – Schnurre – Schuhmann – Stramm – Toller – Toussel – Trakl – Tumler – Vogel – Wiechert.

Band 4: Robert Hippe
Die Liebe im deutschen Gedicht
2. Auflage, 80 Seiten **Bestell-Nr. 0623–**

Benn – Brecht – Eichendorff – George – Gleim – Goethe – Günther – Hesse – Hofmannsthal – Jacob – Kästner – Krolow – Lasker-Schüler – Lenau – Liliencron – C. F. Meyer – H. v. Mohrungen – Mörike – Münchhausen – Opitz – Reinig – Rilke – Storm – Stramm – W. v. d. Vogelweide – Weickherlin.

Band 5: Robert Hippe
Der Tod im deutschen Gedicht
2. Auflage, 80 Seiten **Bestell-Nr. 0624–**

Bächler – Benn – Brecht – Celan – Claudius – Droste-Hülshoff – Eich – Goethe – Gryphius – Hesse – Heym – Hofmannsthal – Hofmannswaldau – Höllerer – Kaltneker – Keller – Klopstock – C. F. Meyer – Mörike – Nick – Nietzsche – Novalis – Rilke – Schiller – Storm – Stramm – Trakl – Uhland.

Band 6: Robert Hippe
Die Jahreszeiten im deutschen Gedicht
2. Auflage, 80 Seiten **Bestell-Nr. 0625–**

Benn – Britting – Claudius – George – Gerhardt – Goes – Goethe – Hagedorn – Heine – Hebbel – Hesse – Hofmannsthal – Hölderlin – Hölty – Huchel – Lenau – Logau – C. F. Meyer – Mörike – Rilke – Stadler – Storm – Trakl – Uhland – W. v. d. Vogelweide.

Band 7: Robert Hippe
Deutsche politische Gedichte
2. Auflage, 68 Seiten **Bestell-Nr. 0626–**

Baumann – Biermann – Becher – Below – Brecht – Delius – Enzensberger – Fried – Fürnberg – Gomringer – Grass – Heine – Hoffmann v. Fallersleben – Holzapfel – Karsunke – Kunert – Luckhardt – Morawietz – Pottier – Radin – v. Saar – Scherchen – Schneckenburger – U. Schmidt – Schumann – Vesper – Walraff – Weinheber – Wessel – Zimmering

Band 8: Edgar Neis
Die Welt der Arbeit im deutschen Gedicht
100 Seiten **Bestell-Nr. 0627–**

Barthel – Bartock – Billinger – Brambach – Bröger – Chamisso – Dehmel – Dortu – Engelke – Freiligrath – Grisar – Heine – Herwegh – Jünger – Krille – Lersch – Lessen – Naumann – Petzold – Pfau – Piontek – Rilke – Schreiber – Seidel – Weerth – Weinheber – Wieprecht – Winckler – Zech.

Band 9: Edgar Neis
Deutsche Tiergedichte
136 Seiten **Bestell-Nr. 0628–**

Barth – Bergengruen – Billinger – Boretto – Brecht – Britting – Busch – Claes – Dauthendey – Dehmel – Domin – Droste-Hülshoff – Eggebrecht – Eich – Freiligrath – Gellert – Gleim – Goethe – Grillparzer – Groth – Härtling – Hagedorn – Haushofer – Hausmann – Hebbel – Heine – Hesse – Huchel – F. G. Jünger – W. Lehmann – Liliencron – A. G. Kästner – Keller – Kolmar – Krolow – C. F. Meyer – Morgenstern – Pfeffel – Piontek – Rilke – Ringelnatz – Eugen Roth – N. Sachs – Schaefer – Trakl – Vring – Weinheber – Wiedner – Zachariae – Zuckmayer.

Band 10: Edgar Neis
Städte und Landschaften im deutschen Gedicht
68 Seiten **Bestell-Nr. 0629—7**

Teil I: Borchert — Sidow — Guesmer — Rilke — Grass — Le Fort — Karsunke — Aue — Zeller — Loerke — Fontane — Eich — Bleisch — Körner — Hauptmann — Bobrowski — Stadler — Goll — Reinfrank — Kunze — Zech — Becker — Droste-Hülshoff — Busta — Heine — Altenbernd — Wiedner — Stoltze — Kaschnitz — Hannsmann — Schnack — Hölderlin — Barthel — Mörike — Britting — George — Roth.

Teil II: Fontane — Heise — Kalkreuth — Zweig — Rilke — Rheiner — Goll — Salus — Brecht — Bachmann — Lehmann — Wagner — Benn — Schneider — v. Platen — Huchel — Hesse — Krappen — Kaschnitz — Celan — Britting — Kasack — Krauss — Boretto — Schaefer — Bachmann — v. d. Vring.

Interpretationen zeitgenössischer Kurzgeschichten
Edgar Neis
5. Auflage, 80 Seiten **Bestell-Nr. 0600—9**
Band 1: Aichinger, Puppe — Bender, Schafsblut — Bergengruen, Fahrt des Herrn von Ringen — Böll, Ungezählte Geliebte — Brecht, Unwürdige Greisin — Britting, Märchen vom dicken Liebhaber — Ernst, Förster und Wilddieb — Le Fort, Turm der Beständigkeit — Hochhuth, Berliner Antigone — Hofmannsthal, Lucidor — Kafka, Ehepaar — Kaschnitz, Das dicke Kind / Schneeschmelze — Kühner, Es gibt doch noch Wunder — Malecha, Probe — Risse, Gottesurteil — O. Schaefer, Frühe Vision — W. Schäfer, Mozarts Begräbnis — Schnabel, Hundert Stunden vor Bangkok / Sie sehen den Marmor nicht.

Robert Hippe
5. Auflage, 80 Seiten **Bestell-Nr. 0601—7**
Band 2: Andres, Trockendock — Benn, Gehirne — Bergengruen, Arzt von Weißenhasel / Legende von den zwei Worten — Böll, Bahnhof von Zimpren / Besenbinder / Erinnerungen eines jungen Königs / So ein Rummel — Brecht, Augsburger Kreidekreis — Döblin, Ermordung einer Butterblume — Dürrenmatt, Tunnel — Eich, Stelzengänger — Franck, Das verstandene Gedicht — Gaiser, Ein Mensch, den ich erlegt habe — Hampel, Das mit dem Mais — Hildesheimer, Eine größere Anschaffung — Kafka, Kübelreiter / Sorge des Hausvaters — Kasack, Mechanischer Doppelgänger — Langgässer, Die getreue Antigone / Untergetaucht — Musil, Portugiesin — Risse, Verkehrsunfall — Schnurre, Ein Fall für Herrn Schmidt.

Karl Brinkmann
4. Auflage, 80 Seiten **Bestell-Nr. 0602—5**
Band 3: Aichinger, Plakat — Alverdes, Die dritte Kerze — Böll, Damals in Odessa / Mann mit den Messern — Borchert, Die lange, lange Straße lang / Generation ohne Abschied / Lesebuchgeschichten — Eisenreich, Ein Augenblick der Liebe — Gaiser, Brand im Weinberg / Du sollst nicht stehlen — Langgässer, Die zweite Dido / Glück haben — Lenz, Jäger des Spottes — Schnurre, Die Tat — Spang, Seine große Chance — Spervogel, Hechtkönig — Wiechert, Hauptmann v. Kapernaum / Hirtenknabe.

Martin Pfeifer
4. Auflage, 84 Seiten **Bestell-Nr. 0603—3**
Band 4: Aichinger, Hauslehrer / Nichts und das Boot — Bender, Die Wölfe kommen zurück — Böll, Über die Brücke / Es wird etwas geschehen — Brecht, Mantel des Ketzers — Britting, Brudermord 1m Altwasser — Eich, Züge im Nebel — Ernst, Das zweite Gesicht — Fallada, Lieber Hoppepoppel — Franck, Taliter — Hesse, Beichtvater / Bettler — Johnson, Jonas zum Beispiel — Kusenberg, Eine ernste Geschichte — Langgässer, Saisonbeginn — Le Fort, Frau des Pilatus — Meckauer, Bergschmiede — Pohl, Yannis letzter Schwur — Rinser, David — Schäfer, Hirtenknabe — Schallück, Der Tod hat Verspätung — v. Scholz, Das Inwendige — Walser, Ein schöner Sieg — Weisenborn, Aussage.

Edgar Neis
3. Auflage, 56 Seiten **Bestell-Nr. 0604—1**
Band 5: Borges, Das geheime Wunder — Calderón, Invasion — Callaghan, ein sauberes Hemd — Campos, Solidarität — Carson, Ein Mädchen aus Barcelona — Hemingway, Die Killer — Huxley, Schminke — Joyce, Eveline — Katajew, Die Messer — Mansfield, Für sechs Pence Erziehung — Manzoni, Die Repräsentiertasse — Olescha, Aldebaran — Saroyan, Vom Onkel des Barbiers, dem von einem Zirkustiger der Kopf abgebissen wurde — Sartre, Die Mauer — Timmmermans, Die Maske.

Karl Brinkmann
3. Auflage, 80 Seiten **Bestell-Nr. 0605—X**
Band 6: Andersch, Sehnsucht nach Sansibar — Böll, Wie in schlechten Romanen / Undines gewaltiger Vater — Gaiser, Das Wespennest / Fünfunddreißig Meter Tüll / Der Motorradunfall — Grass, Der Ritterkreuzträger — Hildesheimer, Nächtliche Anrufe — Holthaus, Geschichten aus der Zachurei / Allgemeines / Wo liegt Zachzarach / Das Wirtshaus Zum Vollautomatischen Bären — Lenz, Masurische Geschichte / Der Leseteufel / So schön war mein Markt / Der große Wildenberg — Kramp, Was der Mensch wert ist — Reding, Die Bulldozer kamen / Während des Films / Jerry lacht in Harlem / Fahrerflucht — Schnurre, Wovon der Mensch lebt — Walser, Die Artikel, die ich vertrete.

Rudolf Kanzler
64 Seiten **Bestell-Nr. 0606—8**
Band 7: Aichinger, Die Silbermünze — Altendorf, Der Knecht Persenning — Andersch, Ein Auftrag für Lord Glouster — Bauer, Hole deinen Bruder an den Tisch — Britting, Der Gang durchs Gewitter — Dörfler, Die Kriegsblinde — Hesse, Das Nachtpfauenauge — Hildesheimer, Der Urlaub — Kaschnitz, Gespenster — Lenz, Die Nacht im Hotel — Th. Mann, Das Eisenbahnunglück — Noack, Die Wand — Ohrtmann, Der Sched ist wieder da — Rinser, Der fremde Knabe — Schallück, Unser Eduard — Wiechert, mein erster Adler.

Edgar Neis
80 Seiten **Bestell-Nr. 0607—6**
Band 8: Andersch, Grausiges Erlebnis — Bachmann, Alles — Bender, In der Gondel / Fondue — Bichsel, Tochter — Bobrowski, Epitaph für Pinnau — Bolliger, Verwundbare Kindheit — Brecht, Wiedersehen — Eisenreich, Der Weg hinaus — Fritz, Schweigen vieler Jahre — Fühmann, Judenauto / Schöpfung — Gaiser, Gazelle grün — Heissenbüttel, Wassermaler — Kasch-

nitz, Das rote Netz – Kunert, Fahrt mit der S-Bahn – Nossack, Das Mal – Reinig, Drei Schiffe – A. Schmidt, Resümee – Walser, Tänzer / Knabe – Wohmann, Ich Sperber / Der Schwan / Knurrhahn-Stil.

Robert Hippe
72 Seiten **Bestell-Nr. 0608–4**
Band 9: Aichinger, Fenster-Theater – Bichsel, Holzwolle – Brecht, Vier Männer und ein Pokerspiel – Frank, Die Monduhr – Fuchs, Gedankenaustausch – Geißler, Kalte Zeiten III – Heckmann, Die Wohltaten des Löffels / Das Henkersmahl – Holthaus, Wahrhaftige Geschichte von der Spazierfahrt – Kaschnitz, Popp und Mingel / Christine – Klose, Am roten Forst – Kunert, Andromeda zur Unzeit – Lenz, Die große Konferenz – Magiera, In den Sand geschrieben – Marti, Neapel sehen – Mechtel, Ein kleiner Tag – Nossack, Helios GmbH – Novak, Schlittenfahren – Weissenborn, Die Stimme des Herrn Gasenzer / Die Sache mit Dad – Wohmann, Denk immer an heut' nachmittag – Weyrauch, Mit dem Kopf durch die Wand – Wohmann, Die Klavierstunde – Zeller, Der Turmbau.

Edgar Neis
80 Seiten **Bestell-Nr. 0609–2**
Band 10: Bernhard, Die Mütze – Bichsel, San Salvador / Ein Tisch – Bobrowski, Lipmanns Leib – Brecht, Das Experiment – Brückner, Lewan / Schwierigkeiten beim Ausfüllen eines Meldezettels / Ein Pferd ist ein Pferd – Dürrenmatt, A's Sturz – Gaiser, Fällung eines Teichs – Hildesheimer, Nachtigall – F. G. Jünger, Urlaub – Kaschnitz, Eisbären – Koeppen, Baseballspieler – Kunert, Zirkuswesen – Musil, Das Fliegenpapier – Novak, Abgefertigt – Reinig, Skorpion – A. Schmidt, Sommermeteor – Weyrauch, Beginn einer Rache.

Wolfgang Kopplin
Kontrapunkte
160 Seiten **Bestell-Nr. 0547–9**
Kontroversinterpretationen zur modernen deutschsprachigen Kurzprosa.
Prosatexte, zwischen 1963 und 1975 entstanden, dienen dem Autor dazu, die dialektische Methode des Pro und Kontra als Interpretationsansatz anzuwenden. Dem Primärtext schließen sich jeweils die Kontroversinterpretationen an. Ein Buch, welches Anregungen zum Verstehen und zur Entschlüsselung von Texten gibt.
Inhalt: Texte von Artmann – Bichsel – Dellin – Gerz – Gregor – Kunert – Reinig – Schnurre u. a. werden in einer Pro- und Kontra-Interpretation vorgestellt.

Albert Lehmann
Erörterungen
**Gliederungen und Materialen
Methoden und Beispiele**
2. verb. Auflage, 160 Seiten **Bestell-Nr. 0637–8**
Die vorliegende Sammlung von 52 Gliederungen, die durch Erläuterungen – vornehmlich Beispiele – zu den einzelnen Gliederungspunkten erweitert sind, sollen die Wiederholung des Jahresstoffes erleichtern.
Stoffkreisthemen: Natur – Tourismus – Technik – Freizeit – Arbeit/Beruf – Konflikte zwischen den Generationen – Die Stellung der Frau in der Gesellschaft – Entwicklungsländer – Sport – Massenmedien und viele Einzelthemen.
Für Lehrer ein unentbehrliches Nachschlage- und Vorbereitungsbuch.

Birgit Lermen/
Matthias Loewen
Trickfilm als didaktische Aufgabe
Band 1: Sekundarstufe I
232 Seiten – Fotos, kart. **Bestell-Nr. 0618–1**
Band 2: Sekundarstufe II
216 Seiten – Fotos, kart. **Bestell-Nr. 0619–X**
Die Untersuchung über den Trickfilm als didaktische Aufgabe trägt der unterschiedlichen Ausgangslage in den beiden Stufen des Sekundarunterrichts Rechnung durch die Aufteilung in zwei Bände.
Band 1 stellt sich gezielt auf die Bedürfnisse und Erwartungen der Sekundarstufe I ein. Aus der Eigenart des Mediums Trickfilm wird ein Analyse-Instrumentarium entwickelt, dessen Brauchbarkeit an 13 Filmen unterschiedlicher Herkunft erprobt wird. Auf der damit geschaffenen Grundlage wird ein didaktisch-methodisches Konzept erstellt.
Band 2 orientiert sich an den Bedürfnissen der Sekundarstufe II. Eine semiotische Einführung erweitert und vertieft die in Band I erstellte Grundlage. Im Mittelpunkt stehen wieder die Einzelanalysen, deren Zahl des größeren Umfangs wegen auf zwölf reduziert ist.
Wie in Band I soll beides – Analysen und Einführung – als Basis dienen für didaktische Fragestellungen und Entscheidungen.
Die Auswahl der Filme wurde in beiden Bänden bestimmt durch:
a) das Ausleihangebot der Stadt- und Kreisbildstellen in der Bundesrepublik,
b) die ästhetische Qualität,
c) die thematische Relevanz,
d) die didaktische Potenz.

Martin H. Ludwig
Das Referat
Kurze Anleitung zu einer Erarbeitung und Abfassung für Schüler und Studenten.
geh. **Bestell-Nr. 0646–2**
Planen und Sammeln – Bibliographieren – Schreiben und Zitieren – Lesen und Notieren – Auswerten und Gliedern – Der Text – Der Vortrag.

Methoden und Beispiele der Kurzgeschichten-Interpretation
2. Auflage, 64 Seiten **Bestell-Nr. 0585–1**
Herausgegeben und erstellt von einem Arbeitskreis der Pädagog. Akademie Zams.
Methoden: Werkimmanente, existenzialistische, grammatische, stilistische, strukturelle, kommunikative, soziologische, geistesgeschichtliche, historisch-biographisch/symbolistische Methode.
Beispiele: Eisenreich – Cortázar – Dürrenmatt – Brecht – Horvath – Bichsel – Kaschnitz – Lenz – Weißenborn – Rinser – Borchert – Nöstlinger – Wölfel – Langgässer.
An Beispielen ausgewählter Kurzgeschichten werden die einzelnen Methoden der Interpretation demonstriert und erläutert. Information und Nachschlagewerk für den Unterricht in den Sekundarstufen.

Edgar Neis
Das neue große Aufsatzbuch
– Methoden und Beispiele des Aufsatzunterrichts für die Sekundarstufen I und II –
212 Seiten, kart.　　　　　　　　**Bestell-Nr. 0636–X**

Inhalt:
Zur Technik des Aufsatzschreibens – Stoffsammlung und Disposition – Wie schreibe ich eine Charakteristik? – Wie schreibe ich eine Erörterung? – Der dialektische Besinnungsaufsatz – Themen und Aufsätze zu Problemen unserer Zeit – Aufsätze zur Literatur – Wege der Texterschließung – Interpretationshinweise – Fachbegriffe der Aufsatzlehre (Lexikon der Terminologien) – Vorschläge für Aufsatzthemen – Themenkatalog für das Ende des 20. Jahrhunderts – Literaturnachweis.
Dieses Buch richtet sich an Lehrer und Schüler von Haupt-, Real- und Oberschulen (Gymnasien).
Breit einsetzbar in Grund- und Leistungskursen.

Edgar Neis
Deutsche Diktatstoffe
– Unterstufe –
3. bis 7. Jahrgangsstufe
5. Auflage, 64 Seiten　　　　　　　**Bestell-Nr. 0524–X**

Moderne Deutsche Diktatstoffe
– Sekundarstufe I –
5.- 10. Jahrgangsstufe　　　　　　**Bestell-Nr.: 0693–9**

Beide Bände sollen der Einübung und Wiederholung der Rechtschreibung und Zeichensetzung dienen. Jeder Band gliedert sich in zwei Teile, einen systematischen Teil, der zielbewußter Einübung von Wörtern, deren Schreibung Schwierigkeiten bereitet, dient und einen allgemeinen Teil. Dieser bringt zusammenhängende Diktatstoffe aus dem deutschen Schrifttum. Die Namen der Verfasser bürgen für die Stilhöhe der einzelnen Texte.

Edgar Neis
Interpretationen von 66 Balladen, Erzählgedichten und Moritaten
Analysen und Kommentare
8. Auflage, 176 Seiten　　　　　　**Bestell-Nr. 0590–8**

Balladen des 18., 19. und 20. Jahrhunderts werden in diesem für Lehrer, Studenten und Schüler bestimmten Band ausführlich interpretiert und durch Erklärungen Verständnis für diese Art Dichtung geweckt. Eine unentbehrliche Hilfe für den Deutsch- und Literaturunterricht.

Aus dem Inhalt: Bürger – Herder – Goethe – Schiller – Uhland – Eichendorff – Heine – Droste-Hülshoff – Miegel – Brecht – Huchel – Celan – Chr. Reinig – Kunert u. v. a.

Edgar Neis
Interpretationen motivgleicher Werke der Weltliteratur
2. Auflage, je 144 Seiten

Dramatische, epische und lyrische Gestaltung der bekanntesten Stoffe der Weltliteratur werden mit knappen Inhaltsangaben vorgestellt und miteinander vergleichend interpretiert.

Band 1:
Mythische Gestalten
　　　　　　　　　　　　　　　　Bestell-Nr. 0548–7
Alkestis – Antigone – Die Atriden (Elektra / Orest) – Iphigenie – Medea – Phädra

Band 2:
Historische Gestalten
　　　　　　　　　　　　　　　　Bestell-Nr. 0549–5
Julius Caesar – Coriolan – Der arme Heinrich – Die Nibelungen – Romeo und Julia – Jeanne d'Arc / Die Jungfrau v. Orleans – Johann Joachim Winckelmann

Edgar Neis
Verbessere Deinen Stil
2. Auflage, 120 Seiten　　　　　　**Bestell-Nr. 0539–8**
Der Autor versucht im vorliegenden Band auf grundlegenden Schema über Wortwahl und Satzgestaltung den Interessierten zu einer guten Ausdrucksform zu führen.
Stil ist erlernbar, deshalb wurden im 2. Teil viele künstlerisch gestaltete, stilvolle Beispiele wiedergegeben.

Edgar Neis
Wie interpretiere ich ein Drama?
Methoden und Beispiele
224 Seiten　　　　　　　　　　　**Bestell-Nr. 0633–8**
Erstbegegnungen mit dramatischen Formen – Methode des Interpretierens – Wege zur Erschließung und Analyse eines Dramas.
Arbeit am Detail: Titel, Personen, Handlung, Aufbau, Sprache, Realisation, Bühnengestaltung, Regieanweisungen, sozio-kulturelle und historische Einordnung usw.
Modellinterpretationen – Zur Theorie des Dramas – Literaturverzeichnis.
Interessenten: Lehrer und Schüler aller Schulgattungen.

Edgar Neis
Wie interpretiere ich Gedichte und Kurzgeschichten?
12. Auflage, 208 Seiten　　　　　**Bestell-Nr. 0530–3**
Ein „Grundkurs", die Kunst der Interpretation zu erlernen und zu verstehen. Die tabellarischen Leitlinien führen den Benutzer des Buches zum Verständnis für diese Gattung der Poesie. Anhand von zahlreichen durchgeführten Interpretationen ist dieses Buch ein unentbehrliches Hilfsmittel für Schüler und Lehrer.

Reiner Poppe
Rechtschreibung
Texte und Übungen für die Klassen 5 und 6
196 Seiten **Bestell-Nr. 0595–9**
Zum Selbstunterricht mit Hinweisen zur Handhabung sowie didaktischen und methodischen Anleitungen für Unterrichtende.

Zu ausgewählten Rechtschreibschwierigkeiten wurden **Texte mit vielgestaltigen Übungen** in Einzelkapiteln zusammengefaßt. Jede Textgruppe ist mit einer knappen **Zusammenfassung** des voraufgegangenen Lernstoffes sowie **Erprobungsdiktaten** abgeschlossen. Testdiktate beschließen den Übungsteil. Es wurde besonders darauf geachtet, daß der Lernende Schwierigkeiten bewußt erfährt, **Lösungswege** und **Hilfen eigenständig** formuliert und **systematisch** üben kann.

Klaus Sczyrba
Komm, wir schreiben!
Rechtschreibübungsheft für das 2. und 3. Schuljahr
Format: DIN A4 – 40 farbige Illustrationen
36 Seiten, kart. **Bestell-Nr. 0614–9**
Freude ist der Motor zum Erfolg. Nach diesem Grundsatz will der Autor den Kindern durch die lautbetonte, sehr abwechslungsreiche Art dieses Heftes den Weg zu Rechtschreibsicherung leicht machen.
In frohem Tun werden fast unauffällig fundamentale Kenntnisse der Rechtschreibung angeeignet, ohne daß die Kinder dabei den Eindruck des Übens haben.

Klaus Sczyrba
Komm, wir schreiben!
Rechtschreibübungsheft für das 3. und 4. Schuljahr
Format: DIN A4 – 60 farbige Illustrationen
60 Seiten, kart. **Bestell-Nr. 0616–5**
Alle Übungen für die Kinder des 3. und 4. Schuljahres sind so angelegt, daß sie mit Freude durchgeführt werden. Sie enthalten kurzweilige Aufgaben, Reime und Rätsel. Die Richtigkeit der Lösungen kann leicht selbst überprüft werden.
Üben ist für Kinder oft freudlos und langweilig. Bei diesem Heft spüren sie aber nicht, daß „nur geübt" wird. In froher, zielstrebiger Arbeit wird fast unbewußt die Rechtschreibfertigkeit gesteigert.

Klaus Sczyrba
Lebensnahe Diktate
für die Grundschule mit angegliederten Übungsmöglichkeiten für das **2. bis 4. Schuljahr**
152 Seiten **Bestell-Nr. 0610–6**
Dieses Übungsbuch ist aus der Erfahrung langjähriger Schularbeit entstanden und soll den Kindern vom 2. bis 4. Schuljahr helfen, ihre Rechtschreibleistungen zu verbessern.
Dazu werden 150 Diktate geboten, die in Ausmaß und Schwierigkeitsgrad dem Alter der Kinder entsprechen.
Zur vertiefenden Behandlung aller Rechtschreibbereiche sind jedem Diktat eine Reihe Übungsmöglichkeiten beigefügt.

Klaus Sczyrba
Neue lebensnahe Diktate
mit zahlreichen Übungsmöglichkeiten für das **2. bis 10. Schuljahr**
312 Seiten **Bestell-Nr. 0611–**
Wie in den früheren Ausgaben dieses Buches werden hier wieder über 200 Diktate geboten, die in Ausmaß und Schwierigkeitsgrad dem Alter des Kindes entsprechen.

Klaus Sczyrba
Lebensnahe Diktate
mit zahlreichen Übungsmöglichkeiten für das **5. bis 7. Schuljahr,** und Anhang mit Lösungen
240 Seiten **Bestell-Nr. 0613–**
In diesem Übungsbuch werden 150 Diktate geboten, die Kindern des 5. bis 7. Schuljahres helfen sollen, ihre Rechtschreibkenntnisse zu verbessern.
Zur vertieften Behandlung aller Rechtschreibbereiche ist jedem Diktat eine Reihe Übungsmöglichkeiten beigefügt.

Klaus Sczyrba
Lebensnahe Diktate
125 Diktattexte mit 600 Lösungsmöglichkeiten für das **8. bis 10. Schuljahr**
210 Seiten + Lösungsteil, kart. **Bestell-Nr. 0471–**
Das Buch will mit seinen Diktaten und Übungen zum richtigen Gebrauch unserer Sprache beitragen. Die Diktate sind nicht nur nach Rechtschreibschwierigkeiten oder zur Anwendung einer Regel konstruiert, sondern sind auf die Bedürfnisse von Zeit und Umwelt abgestimmt.
Übungsmöglichkeiten mit Lösungen machen dieses Buch für häusliches Arbeiten und für den Unterrichtsgebrauch gleichermaßen unentbehrlich.

Klaus Sczyrba
Lebensnahe Diktate
mit zahlreichen Übungsmöglichkeiten für das **5. bis 10. Schuljahr**
432 Seiten + Lösungsheft **Bestell-Nr. 0612–**
Auch dieses Übungsbuch soll den Kindern vom 5. bis 10. Schuljahr helfen, ihre Rechtschreibleistung zu verbessern.
Die hier angebotenen 250 Diktate sind in Ausmaß und Schwierigkeitsgrad dem Alter entsprechend ausgewählt worden. Jedem Diktat ist eine Reihe Übungsmöglichkeiten beigefügt, ebenso wurde der entsprechende Wortschatz eingebracht.
Tabellen der Rechtschreibschwierigkeiten in den einzelnen Schuljahren runden dieses Übungsbuch ab.

Klaus Sczyrba
Lebensnahe Grammatik
für die Grundschule
für das 2. bis 4. Schuljahr
140 Seiten **Bestell-Nr. 0673–**
Die alltäglichen Begebenheiten zweier Kinder sind lebendige Einstiege in alle Bereiche der Grundschulgrammatik. In übersichtlicher Weise werden alle notwendigen Kenntnisse zur Beherrschung unserer Sprache kindgemäß vermittelt, die in den angegliederten Übungen angewandt werden können. So ist dieses Büchlein sehr hilfreich für den Unterricht der Schule und die häusliche Einzelarbeit.

Klaus Sczyrba
Lebensnahe Sprachlehre in der Grundschule
50 Unterrichtsentwürfe für die Einführung aller wesentlichen Gebiete.
112 Seiten, Illustrationen, kart. **Bestell-Nr. 0615—7**
Neubearbeitete 2. Auflage
Diese Unterrichtsentwürfe haben sich als eine vielbegehrte Hilfe erwiesen und ermöglichen, daß der sonst so trockene Stoff der Sprachlehre lebensnah, auf lustbetonte Weise eingeführt wird.
Jeder Entwurf ist eine Unterrichtseinheit, die sich über einen längeren Zeitraum erstreckt.

Klaus Sczyrba
Lebensnahe Grammatik für die Sekundarstufe I
5.-10. Klasse
ca. 80 Seiten u. Lösungsheft kart.

Bestell-Nr. 0474—X

Wesentliche Ursache für die Fehlerhäufigkeit in der Rechtschreibung ist in der mangelnden grammatischen Erkenntnis zu suchen.
Das Buch will hier Abhilfe schaffen. In übersichtlicher Anordnung bietet es in den für das Leben wichtigen Bereichen der Grammatik viele Beispiele und Übungsmöglichkeiten.

Englisch

Peter Luther / Jürgen Meyer
Englische Diktatstoffe
Unter- und Mittelstufe
64 Seiten, kart. **Bestell-Nr. 0647—5**
Beginnend mit einfachsten Texten und Erklärungen wird hier der Benutzer der Bücher mit der englischen Grammatik, Wortlehre und Rechtschreibung vertraut gemacht. Die Texte geben Hinweise auf die Vorbereitung zur Nacherzählung und sind gestaffelt nach Schwierigkeiten und Themengruppen. Worterklärungen und Übungen zur Selbstkontrolle runden den Band ab.

Jürgen Meyer / Gisela Schulz
Englische Synonyme als Fehlerquellen
Übungssätze mit Lösungen
116 Seiten, kart. **Bestell-Nr. 0596—7**
Dieses Übungsbuch will helfen, die im Bereich der Synonymie immer wieder auftretenden Fehler zu vermeiden.
Die Aufstellung beruht auf Beobachtungen, die die Verfasser im Unterricht gemacht haben und erhebt keinen Anspruch auf Vollständigkeit. Die Übungssätze wurden so formuliert, daß die wichtigen Bedeutungsnuancen so klar wie möglich hervortreten. Die zur Kontrolle beigefügten Lösungen geben an, ob und wo Fehler gemacht worden sind.

Jürgen Meyer
Deutsch-englische / englisch-deutsche Übersetzungsübungen
9. bis 13. Klasse
104 Seiten **Bestell-Nr. 0594—0**
Texte für Fortgeschrittene, die ihre Kenntnisse in Wortanwendung und Grammatik erweitern und überprüfen wollen.
Zu den zeitgemäßen deutschen Texten wurden die Vokabeln und deren Anwendungsmöglichkeiten gegeben und erklärt.
Am Schluß des Bandes die englischen Texte zur Kontrolle.
Breit einsetzbar in den Sekundarstufen, Grund- und Leistungskursen.

Jürgen Meyer
Übungstexte zur englischen Grammatik
9. bis 13. Klasse
96 Seiten, kart. **Bestell-Nr. 0567—3**
Der Band enthält Übungsmaterial zu aktuellen Fragen, u. a. Sachtexte zu Personen, wissenschaftlichen Entdeckungen und zeitgeschichtlichen Ereignissen, die über das heutige Großbritannien und die USA informieren. Die Texte sind mit ausführlichen Hinweisen zu den Vokabeln sowie Übungen zur Syntax und zum Wortschatz versehen. Diskussionsvorschläge und ein sorgfältig aufbereiteter Schlüssel bieten zusätzliche Unterrichtshilfen. Das Buch ist sowohl für Gruppenarbeit als auch für das Selbststudium gut geeignet.

Edgar Neis
Übungen zur englischen Herübersetzung
108 Seiten **Bestell-Nr. 0542—8**
Das Übungsbuch richtet sich an den Schüler, der ohne Hilfe eines anderen selbständig die Fertigkeit des Übersetzens aus dem Englischen erlernen will. 38 Texte aus Literatur und Sachschrifttum, jeweils mit Vokabelangaben versehen, kann der Übende ins Deutsche übertragen und anhand des Lösungsteils auf seine Richtigkeit hin überprüfen.
Die Texte eignen sich im Unterrrichtsgebrauch als Übungen zu Nacherzählung und Grammatik.

Edgar Neis
Wie schreibe ich gute englische Nacherzählungen?
6. Auflage, 84 Seiten, kart. **Bestell-Nr. 0526—6**
Langjährige, im gymnasialen Englischunterricht auf der Mittel- und Oberstufe sowie bei zahlreichen Abiturprüfungen gewonnene Erfahrungen haben zur Herausgabe dieses Buches geführt. Texterfassung und -darstellung, Wortschatzerweiterung, Regeln der Stillehre, Erzählstil, idiomatische Redewendungen, Homophone, unregelmäßige Verben, Comment u. v. a.
Musterbeispiele als Vorlagen für Lernende.

Edgar Neis
Englische Nacherzählungen der siebziger Jahre
72 Seiten, kart. **Bestell-Nr. 0527–4**

Im vorliegenden Band findet der Übende Texte, welche im heutigen Schulunterricht bevorzugt benutzt werden. Diese unterscheiden sich gegenüber früheren Nacherzählungstexten durch gesteigerte Aktualität und Zeitnähe. Als Diktatstoffe für die Mittelstufe einsetzbar.

Reiner Poppe
Englische Nacherzählungen
Unter- und Mittelstufe
96 Seiten, kart. **Bestell-Nr. 0566–5**

Der Band enthält 62 Texte unterschiedlicher Länge und Schwierigkeit. Den Texten zur engl. und amerik. Geschichte sowie zu aktuellen Gegebenheiten sind method. Anleitungen für die mögliche Behandlung vorangestellt. Es ist hier besonders an den Selbst- oder Nachhilfeunterricht gedacht. Besonderer Wert wurde auf die Hinführung zu pragmatischer Rekonstruktion („précis") der Texte gelegt. Vokabelhilfen und Kurzhinweise zu Leben/Werk herausragender, in den Texten vorkommender Persönlichkeiten runden den Band ab. Empfohlen für Orientierungsstufe und Sekundarstufe I.

Französisch

Klaus Bahners
Französischunterricht in der Sekundarstufe II
(Kollegstufe)
Texte – Analysen – Methoden
104 Seiten, kart. **Bestell-Nr. 0565–7**

Dieses Buch wendet sich an alle, die jetzt oder künftig auf der neugestalteten Oberstufe (Sekundarstufe II) Französischunterricht erteilen; vor allem an jüngere Kollegen und Referendare, aber auch an Studenten, die sich auf den Übergang vom wissenschaftlichen Studium zur pädagogischen Umsetzung vorbereiten wollen.
Schließlich gibt „Französischunterricht in der Sekundarstufe II" auch Schülern der reformierten Oberstufe wertvolle Hinweise für den selbständigen Zugang zur Interpretation französischer Texte.

Paul Kämpchen
Französische Texte zur Vorbereitung auf die Reifeprüfung
80 Seiten, kart. **Bestell-Nr. 0522–3**

Übungen für die Grammatik, den Stil und eine der Prüfungsarten – die Nacherzählung – sollen hier dem Anwärter zur Prüfung nahegebracht werden. Kurze und lange Nacherzählungstexte mit Worterklärungen stehen hier als Übungstexte zur Verfügung.
Der Schüler oder Student kann anhand dieser Kurzgeschichten seine sprachliche Beweglichkeit unter Beweis stellen. Kleine und leichte Stücke, die sich nur für Anfänger und wenig Fortgeschrittene eignen, wurden weggelassen.

Alfred Möslein / Monique Sickermann-Bernard
Textes d'étude
64 Seiten, kart. **Bestell-Nr. 0523–1**

25 erzählende Texte aus der neueren französischen Literatur als Vorlagen für Nacherzählungen und Textaufgaben.
Durch unterschiedliche Längen und Schwierigkeitsgrade sowie durch breitgefächerte Thematik eignen sich diese Texte als Lektüre und Ausgangspunkt für Diskussionen im Unterricht. In den „Suggestions" findet man einige Anregungen für Übungen, die sich an die reine Textbehandlung anschließen können. Die Worterklärungen sollen das Verständnis der Texte erleichtern.

Werner Reinhard
Französische Diktatstoffe
Unter- und Mittelstufe
1./2. Unterrichtsjahr sowie 3./4. Unterrichtsjahr
2. Auflage, 96 Seiten, kart. **Bestell-Nr. 0532–0**

Die nach dem Schwierigkeitsgrad geordneten Texte sind überwiegend Erzählungen und Berichte von Begebenheiten des täglichen Lebens, wobei unbekannte Vokabeln beigegeben sind. Mit den Texten lernt der Schüler die gehobene Umgangssprache, d. h. Vokabular und Wendungen, die er später für eigene Textproduktionen verwenden kann. Den Texten vorangestellt sind Bemerkungen zur Rechtschreibung, die nützliche Rechtschreibregeln enthalten.

Werner Reinhard
Übungstexte zur französischen Grammatik
9. bis 13. Klasse
128 Seiten, kart. **Bestell-Nr. 0543–6**

„Übungstexte zur französischen Grammatik" wendet sich an Lernende, die bereits einige grammatische Kenntnisse haben, sie jedoch festigen und vertiefen wollen. Es eignet sich aufgrund umfangreicher Vokabelangaben sowie des ausführlichen Lösungsteils zum Selbststudium, und vermag bei Schülern ab Klasse 9 Nachhilfeunterricht zu ersetzen.
Die textbezogenen Aufgaben berücksichtigen insgesamt die wichtigsten grammatischen Gebiete, ein Register ermöglicht auch systematisches Vorgehen.

Werner Reinhard
Übungen zur französischen Herübersetzung
96 Seiten, kart. **Bestell-Nr. 0537–1**

40 franz. Texte aus Literatur und Sachschrifttum, jeweils mit Vokabelangaben versehen, kann der Lernende ins Deutsche übertragen und anschließend anhand des Lösungsteiles, seine Fassungen auf ihre Richtigkeit hin überprüfen. Dem Verfasser kam es bei den deutschen Übersetzungen nicht auf prägnanter Stil an, es ging ihm vielmehr um die inhaltlich richtige und vom Schüler nachvollziehbare Übersetzung. So enthalten die Herübersetzungen jeweils auch Anmerkungen mit wörtlichen Entsprechungen, Varianter und Hinweisen zur Grammatik. Breit einsetzbar in den Sekundarstufen.

Werner Reinhard
Kurze moderne Übungstexte zur französischen Präposition
120 Seiten, kart.   **Bestell-Nr. 0568—1**

In einem lexikalischen Teil gibt das Übungsbuch zunächst einen Überblick über die Anwendung der wichtigsten Präpositionen. Auch die Präpositionen als Bindeglied zwischen Verb und Objekt bzw. Infinitiv (vor allem à und de) werden berücksichtigt. Listen erleichtern dabei systematisches Lernen.
Im anschließenden Übungsteil kann der Benutzer seine Kenntnisse überprüfen. Vorherrschende Methode ist die Einsetzübung. Mit dem Lösungsteil eignet sich das Buch gut zum Selbststudium. Einsetzbar für den Unterricht in den Sekundarstufen.

Christine und Gert Sautermeister
Der sichere Weg zur guten französischen Nacherzählung
— Zur Methodik des Hörens und Schreibens im Französischunterricht —
118 Seiten, kart.   **Bestell-Nr. 0534—7**

Der erste Teil des Buches will auf die Bedingungen richtigen Hörens aufmerksam machen und Wege zum besseren Hören skizzieren. Der zweite Teil gibt Anregungen, die Grundrisse des Textes, der Gelenkstellen, Höhepunkte, Pointen nochmals zu vergegenwärtigen.
Spezifische Formulierungsprobleme der Nacherzählung entfaltet der dritte Teil.

Gemeinschaftskunde

Peter Beyersdorf
Die Bundesrepublik Deutschland
Arbeitshefte zur Sozial- und Gesellschaftskunde
Band 1:
Strukturen und Institutionen
mit Text des Grundgesetzes
124 Seiten   **Bestell-Nr. 0507—X**
Band 2:
Parteien und Verbände
34 Seiten   **Bestell-Nr. 0508—8**
Band 3:
Außenpolitische Entwicklung
72 Seiten   **Bestell-Nr. 0509—6**

Diese Reihe wurde vor allem für den Bereich der politischen Pädagogik geplant: für Lehrer und Schüler also in erster Linie. Das gilt für Gymnasien und höhere Schulen insgesamt, für Berufsschulen und nicht zuletzt für den großen Bereich der Erwachsenenbildung in den Volkshochschulen.
Jedes Heft enthält neben dem Textteil einen Dokumentenanhang und ein Literaturverzeichnis; darin wird auf spezielle, einzelne Themen vertiefende Bücher hingewiesen.

Mit Hilfe dieser „Arbeitshefte" wird es dem Benutzer möglich, die grundsätzlichen politischen Zusammenhänge unseres Gemeinwesens und die Struktur der internationalen Politik zu erkennen. Dazu werden nicht nur Daten und Fakten angeboten, sondern zugleich auch deren Erklärung und Interpretation. Stand 1970!

Geschichte

Robert Hippe
Geschichts-Gerüst
von den Anfängen bis zur Gegenwart
4 Teile in einem Band
228 Seiten   **Bestell-Nr. 0551—7**
Der Primaner, der das „Skelett" dieses „Gerüstes" beherrscht, sollte allen Prüfungsanforderungen gewachsen sein!
Das vorliegende Werk will kein Ersatz für bereits bewährte Bücher ähnlicher Art sein, sondern einem **Auswahlprinzip huldigen, das speziell auf Gymnasien, kurz alle weiterführenden Schulen zugeschnitten** ist. Daher erklärt sich die drucktechnische Hervorhebung des besonders Wesentlichen (Fettdruck).
Teil I: Von der Antike bis zum Beginn der Völkerwanderung (ca. 3000 v. Chr. bis 375 n. Chr.)
Teil 2: Von der Völkerwanderung bis zum Ende des Mittelalters (375 —1268)
Teil 3: Vom Übergang zur Neuzeit bis zum Ende des 1. Weltkrieges (1268—1918)
Teil 4: Vom Beginn der Weimarer Republik bis zur Gegenwart (1918—1953)

Latein

Reinhold Anton
Die Stammformen und Bedeutungen der lateinischen unregelmäßigen Verben
Anleitung zur Konjugation von etwa 1 600 einfachen und zusammengesetzten unregelmäßigen Verben.
5. verbesserte Auflage
40 Seiten, kart.   **Bestell-Nr. 0500—2**

Oswald Woyte
Latein-Gerüst
Der gesamte Stoff bis zur Sekundarstufe II (Kollegstufe) in übersichtlicher Anordnung und leichtverständlicher Darstellung mit Übungstexten, Übungsaufgaben und Schlüssel.
Teil 1: **Formenlehre**
116 Seiten, kart.   **Bestell-Nr. 0552—5**
Teil 2: **Übungsaufgaben und Schlüssel zur Formenlehre**
144 Seiten, kart.   **Bestell-Nr. 0553—3**
Teil 3: **Satzlehre**
104 Seiten, kart.   **Bestell-Nr. 0554—1**
Teil 4: **Übungsaufgaben und Schlüssel zur Satzlehre**
72 Seiten, kart.   **Bestell-Nr. 0555—X**
jeweils 2. Auflage
Die vier Bände ersparen den Lernenden die Nachhilfestunden und bieten ein unentbehrliches Übungs- und Nachschlagewerk bis zur Reifeprüfung.

Der Autor hat aus einer Praxis als Oberstudiendirektor die Schwierigkeiten der lateinischen Sprache für den häuslichen Übungsbereich aufbereitet und leicht faßbar erläutert. Lernanweisungen sollen das Einprägen erleichtern.

Friedrich Nikol

Latein 1

Übungen mit Lösungen für das erste Lateinjahr in zwei Bänden.

Band 1 / Erstes Halbjahr
mit Lösungsteil
kart. **Bestell-Nr. 0634–3**

Band 1 / Zweites Halbjahr
mit Lösungsteil
kart. **Bestell-Nr. 0635–1**

In beiden Teilbänden wird der gesamte Stoff des ersten Lateinjahres behandelt.

Latein 2

(2. Lateinjahr)
kart. **Bestell-Nr. 0638–6**

Der lateinische Wortschatz ist in den Büchern genau angegeben und den verschiedenen lateinischen Unterrichtswerken angepaßt, die in den einzelnen Bundesländern zugelassen und eingeführt sind.
Bei gründlicher häuslicher Nachhilfe mit den Büchern wird der Übende immer mehr Freude an Latein bekommen, und bald wird sich auch der Erfolg bei den Leistungen in der Schule zeigen.

Suchen Sie wortgetreue Übersetzungen und Präparationen zu Ihren Schullektüren römischer und griechischer Klassiker?
Sie finden in der **Kleinen Übersetzungsbibliothek** in 500 Bänden im Kleinformat wörtliche deutsche Übersetzungen.
Fordern Sie das ausführliche Verzeichnis an.

Mathematik

Bernd Hofmann

Algebra 1

Mathematikhilfe für die 7./8. Jahrgangsstufe weiterführender Schulen
216 Seiten **Bestell-Nr. 0580–0**

Helmut Kürzdörfer

Geometrie 1

Mathematikhilfe für die 7./8. Jahrgangsstufe weiterführender Schulen
232 Seiten **Bestell-Nr. 0581–9**

Diese Bücher sind im wesentlichen auf den Lehrstoff des 7. und 8. Schuljahres abgestimmt.
Sie gliedern sich in Kontroll-, Übungs- und Lösungsteil. Ausgerichtet sind sie als unterrichtsbegleitende Werke auf Schüler und die ihnen hilfreich zur Seite stehenden Eltern.
Nützlich sind sie aber auch wegen des großen und vielseitigen Angebots an Übungsaufgaben (mit vollständigen Lösungswegen) **für Lehrer.** Von ähnlichen Unterrichtshilfen heben sie sich durch die kurze, übersichtliche und verständliche Darstellung sowie durch gute Überprüfbarkeit der Kenntnisse ab. (Besprechung der Bibliothekszentrale, Reutlingen).

Lothar Deutschmann

Mathematik

Wegweiser zur Abschlußprüfung
Mathematik I, II und III an Realschulen
Anhang: Reifeprüfungsaufgaben mit Lösungen 1980/1981/1982/1983
168 Seiten + 121 Abb.
kart. **Bestell-Nr. 0644–0**

Ein erfahrener Pädagoge erteilt Nachhilfeunterricht in Mathematik.

Friedrich Nikol / Lothar Deutschmann

Algebra 2

Mathematikhilfe für die 9./10. Klasse
Übungaufgaben und Schulaufgaben mit Lösungswegen und Lösungen.
168 Seiten + 46 Abb.
kart. **Bestell-Nr. 0645–9**

Anhand von Klassenarbeiten und Probearbeiten wird versucht, den Schülern Nachhilfe zu erteilen.
Lösungswege und Lösungen erleichtern das Auffinden eigener Fehler.

Ruth Kirchmann

Zielscheibe Mathematik

Wenn Schüler vor Mathematik zurückschrecken, liegt es häufig an den Lücken, die irgendwann entstanden sind und das Verständnis des ganzen folgenden Unterrichtsstoffes blockieren.
In diesen Nachhilfebüchern, die auch zum Nachlernen für zu Hause geeignet sind, finden sich Schüler schnell zurecht.

Dezimalzahlen

78 Seiten – viele Abbildungen
+ 8 Seiten Lösungsheft

Bestell-Nr. 0671–8

Die vier Grundrechenarten

90 Seiten – viele Abbildungen
+ 6 Seiten Lösungsheft

Bestell-Nr. 0672–6

Johannes Lorenz

Mathematik-Gerüst– Unterbau

6. Auflage
84 Seiten, kart. **Bestell-Nr. 0558–4**

Sammlung von Formeln und Sätzen mit zahlreichen Musteraufgaben und vielen Figuren.

Inhalt: Zahlenrechnen – Algebra – Gleichungen – Logarithmen – Geometrie – Stereometrie – Trigonometrie.

Dieser Band richtet sich an den Lernenden, der in kurzer Form seine Kenntnisse wieder auffrischen möchte und anhand von Musteraufgaben Lösungswege rekonstruieren will.

Bis Sekundarstufe I.

Georg Ulrich / Paul Hofmann
Geometrie zum Selbstunterricht

Ein vollständiger Lehrgang der Geometrie zum Selbstunterricht und zur Wiederholung und Nachhilfe. Von der elementaren Geometrie über die Differential- und Integralrechnung bis zur Integralgleichung bieten die Bände den gesamten Stoff der Oberschulen bis zur Sekundarstufe II.
Übungsaufgaben mit Lösungen erleichtern die Verfolgung des Rechenweges und deren Einprägung und Verstehen.

1. Teil:
Planimetrie
172 Seiten, kart.   Bestell-Nr. 0576–2

2. Teil:
Trigonometrie
136 Seiten, kart.   Bestell-Nr. 0540–1

3. Teil:
Stereometrie
148 Seiten, kart.   Bestell-Nr. 0577–0

4. Teil:
Analytische Geometrie
232 Seiten, kart.   Bestell-Nr. 0536-3

Philosophie

Robert Hippe
Philosophie-Gerüst
Teil 1
96 Seiten   Bestell-Nr. 560–6
Der erste Band des „Philosophie-Gerüsts" will an die Geschichte der abendländischen Philosophie heranführen, dem Leser einen Überblick über die Jahrhunderte philosophischen Denkens geben.
Aus dem Inhalt: Was ist Philosophie? Die griechische Philosophie – Die hellenistisch-römische Philosophie – Die Philosophie des Christentums – Die Philosophie des Mittelalters, im Zeitalter der Renaissance und des Barocks – Die Philosophie von der Aufklärung bis zu Hegel – Die Philosophie der Gegenwart.
Anhang – Bibliographie u. a.

Teil 2
80 Seiten   Bestell-Nr. 561–4
Im zweiten Band werden die Disziplinen der reinen und angewandten Philosophie behandelt, und dem Benutzer ein Überblick über den gewaltigen Umfang des Bereichs der Philosophie gegeben.
Aus dem Inhalt: **Die Disziplinen der reinen Philosophie:** Logik und Dialektik – Psychologie – Erkenntnistheorie – Ontologie und Metaphysik – Ethik – Ästhetik.
Die Disziplinen der angewandten Philosophie: Naturphilosophie und Philosophie der Mathematik – Geschichtsphilosophie – Rechts- und Religionsphilosophie – Philosophische Anthropologie und Existenzphilosophie – Sprachphilosophie.
Philosophie und Weltanschauung
Bibliographischer Anhang u. a.

Physik

Robert Gehr
Einführung in die Atomphysik
Vorbereitungshilfen für das Physik-Abitur an mathematisch-naturwissenschaftlichen Gymnasien.
152 Seiten, kart.   Bestell-Nr. 0511–8
Inhalt: Das Atommodell der kinetischen Gastheorie – Die atomistische Struktur der Elektrizität – Energiequanten und Korpuskeln – Atommodelle – Kernphysik – Nachweismethoden für Strahlungen.
Das Ziel des Buches ist, den Physikstoff der Abschlußklassen im Hinblick auf die Reifeprüfung umfassend und gründlich darzustellen, andererseits aber auch – gemäß dem Bildungsauftrag einer höheren Schule – in das (physikalische) Weltbild der Gegenwart einzuführen.

Friedrich Nikol
Physik I
Fragen mit Antworten aus dem Lehrstoff der Sekundarstufe I mit Prüfungsfragen und Lösungen.
100 Seiten   ISBN 3-8044-0639-4
Dieses Buch soll eine Lücke füllen auf dem Gebiet der Physikvorbereitung. Häufig auftauchende Fragen aus Mechanik, Wärmelehre, Optik, Magnetismus und Elektrizität im Physikunterricht werden leicht verständlich beantwortet.
Ein Band zur Vorbereitung auf Abschlußprüfungen.

Konrad Lorenz
Physik-Gerüst
neubearbeitet von Lothar Deutschmann
6. erweiterte Auflage
240 Seiten   Bestell-Nr. 0617–3
Die Grundlagen der Physik in übersichtlicher und leicht faßlicher Darstellung.
Inhalt: Meßkunde – Allgemeine Eigenschaften der Körper – Mechanik fester Körper – Mechanik der Flüssigkeiten – Mechanik der Gase – Lehre vom Schall – Wärmelehre – Magnetismus – Elektrizität – Geometrische Optik – Wellenoptik u. a.

Verschiedenes

Adolf Busch
Glückwunschbuch
15. Auflage
104 Seiten, illustr.   Bestell-Nr. 0510–X
Glückwunschgedichte für alle Gelegenheiten nebst einem Anhang. Gedenk- und Glückwunschgedichte deutscher Dichter.
Geburtstags-, Namenstagswünsche – Weihnachtswünsche – Neujahrswünsche – Hochzeitswünsche – Gästebuch- und Poesie-Album-Verse – Zum Richtfest – Gedenk- und Glückwunschgedichte deutscher Dichter.

Ein Beitrag zur Unfallverhütung ist

Heimann/Grau/Link

HOPP + STOPP
Bildermalbuch zur Verkehrserziehung
56 vierfarbige Seiten, Pp. **Bestell-Nr. 0670–X**

Immer wieder erleben wir Unfälle im Straßenverkehr, an denen Kinder beteiligt sind. Um dem nicht machtlos gegenüberzustehen, entwickelten wir dieses Malbuch.

HOPP und **STOPP** sind zwei lustige Schweinchen, die sich im Straßenverkehr bewegen. Wie man dort alles richtig macht, zeigt **STOPP**; schnell wird man merken, wie gefährlich es sein kann, wenn man sich wie **HOPP** verhält. Ab 4 Jahre.

Helmut A. Köhler

Verse und Aphorismen für das Gästebuch
104 Seiten, 12 Illustrationen Bestell-Nr. 0630–0

Inhalt: Vorwort: Gäste, Bücher, Gästebücher...
Verse und Aphorismen:
I. Von der Kunst, mit vielen Worten nichts in ein Gästebuch einzutragen.
II. Zum Einzug ins eigene Haus oder in die neue Wohnung.
III. Was man in die Gästebücher von Stammlokalen schreibt.
IV. Aus dem Repertoire eines Partybesuchers.
V. Individuelles für das Gästebuch:
Zu Gast bei...
VI. Und was man sonst noch in das Gästebuch schreiben kann...

— — — — — — — — — — — ✂

Bestellschein:
Unterzeichneter bestellt folgende Titel durch die Buchhandlung

.... Expl.-Nr.: ....

.... Expl.-Nr.: ....

.... Expl.-Nr.: ....

.... Expl.-Nr.: ....

.... Expl.-Nr.: ....

Name ————————————

Straße u. Nr. ——————————

Wohnort ———————————

Datum ————— Unterschrift ————

C. Bange Verlag Tel. 09274/372 8607 Hollfeld